Langenscheidt

Sag's auf Spanisch

Die 1.000 Wörter, die man wirklich braucht

Langenscheidt

München · Wien

Herausgegeben von der Langenscheidt-Redaktion

Bearbeitet von Natalie Thomas

www.langenscheidt.de

© 2015 Langenscheidt GmbH & Co.KG, München
Druck und Bindung: C. H. Beck, Nördlingen

ISBN 978-3-468-38544-5

Inhaltsverzeichnis

6 Vorwort

7 Lautschrift und Aussprache
14 Abkürzungen

15 Der Mensch

15 Angaben zur Person
17 Äußere Erscheinung
19 Kleidung und Accessoires
20 Soziale Beziehungen
23 Wahrnehmungen und Gefühle
28 Meinungen und Urteile
30 Nationalitäten

35 Körper und Gesundheit

35 Körperteile
37 Körperpflege
39 Gesundheit, Unfall und Krankheit

43 Kommunikation

43 Verständigung und Verständigungsprobleme
46 Bitte, Dank und Entschuldigung
47 Kontaktaufnahme und Abschied
49 Informationsmedien

52 Alltagsleben und Wohnen

52 Allgemeine Aktivitäten
56 Tägliche Routine
59 Haus und Räumlichkeiten
61 Wohnung, Möbel und Ausstattung
63 Alltagsgegenstände und -geräte
64 Eigenschaften und Farben

Inhaltsverzeichnis

67 Arbeit und Freizeit

- 67 Schule und Bildung
- 69 Sprachen
- 71 Arbeit und Ausbildung
- 72 Feste und Feiertage
- 74 Hobbys und Interessen
- 76 Freizeit und Sport
- 79 Urlaub und Reisen

82 Öffentliches Leben

- 82 Einkaufen
- 85 Gebäude und Sehenswürdigkeiten
- 86 Auf der Straße und zu Fuß
- 89 Flugzeug, Bahn und Nahverkehr
- 91 Öffentlicher und privater Service

94 Essen und Trinken

- 94 Nahrungsmittel und Obst
- 98 Getränke
- 100 Zu Tisch
- 102 Mahlzeiten und Zubehör

104 Natur und Umwelt

- 104 Landschaften, Städte und Regionen
- 106 Tiere und Pflanzen
- 108 Wetter und Klima

111 Die Zeit

- 111 Jahreszeiten und Monate
- 113 Wochentage
- 116 Tages- und Uhrzeiten
- 119 Weitere Zeitbegriffe

123 Der Raum

- 123 Räumliche Begriffe
- 124 Richtungen und Himmelsrichtungen

126 Menge, Maß und Gewicht

- 126 Grund- und Ordnungszahlen
- 129 Mengenbezeichnungen
- 133 Maße und Gewichte

134 Anhang

134 Personal- und Possessivpronomen

141 Interrogativ- und Demonstrativpronomen

144 Artikel und weitere Pronomen

147 Hilfs- und Modalverben

148 Weitere Strukturwörter

152 Register

Vorwort

Wussten Sie, dass man mit den 1000 häufigsten Wörtern bereits 80% der Wörter von Alltagstexten kennt?

- Hier lernen Sie die Vokabeln, die Sie wirklich brauchen, um sich in den wichtigsten Alltagssituationen in der Fremdsprache verständigen zu können.
- Die Auswahl enthält die **häufigsten 1000 Wörter des Grundwortschatzes** und orientiert sich am **Niveau A1 des Europäischen Referenzrahmens**.
- Alle Wörter sind mit **Lautschrift, Anwendungsbeispiel und deutscher Übersetzung** aufgeführt. Die **Zuordnung zu Themengebieten** erleichtert die rasche Orientierung in der Fremdsprache. Ein **Register** ab Seite 152 ermöglicht zusätzlich das rasche Nachschlagen.
- Die Beispielsätze stammen aus alltäglichen Kommunikationssituationen und erleichtern so das Training für die eigene Sprachpraxis.
- Hinweise zu Aussprache und Lautschrift finden Sie auf den Seiten 7–12.

Sag's auf Spanisch bildet somit eine solide Grundlage für den Spracherwerb: Das Buch ist ideal für den erstmaligen Erwerb eines Grundwortschatzes sowie zum Wiederholen und Festigen.

Lautschrift und Aussprache

Das Alphabet

Das spanische Alphabet hat 28 Buchstaben. Besonderheiten sind das **ñ**, es kommt im Alphabet nach dem **n**, sowie **ch** und **ll**, die in den meisten Wörterbüchern noch einzeln eingeordnet sind, in den neuesten aber bei den Buchstaben **c** und **l** integriert werden.

Spanisches Alphabet		Lautschrift und Erklärung		Beispiele
a	*a*	[a]	wie *a* in *alt*	**A**na, t**a**pas, **a**diós
b	*be*	[b]	1. im Anlaut und nach *m* wie das deutsche *b*	**B**arcelona, cam**b**iar
		[b]	2. zwischen Vokalen sanfter als das deutsche *b*	a**b**ierto, escri**b**ir
c	*ce*	[k]	1. vor *a, o, u* wie das deutsche *k*, aber nicht gehaucht	**C**arlos, **c**asa
		[θ] *E**	2. vor *e, i* wie englisches „*th*" in *thing*	**c**inco, Bar**c**elona, ha**c**er

Lautschrift und Aussprache

Spanisches Alphabet		Lautschrift und Erklärung		Beispiele
ch	*che*	[tʃ]	wie *tsch* in *klatschen*, Zungenspitze dabei etwas zurücknehmen	**ch**ico, o**ch**o, **Ch**ile
d	*de*	[d]	1. im Anlaut und nach *n*, *l* etwas sanfter als das deutsche *d*	**d**ónde, **d**ecir
		[ð]	2. in der Wortmitte sehr sanftes *d*	ma**d**re, a**d**iós
			3. im Wortauslaut sehr schwach, tlw. stumm	Madri**d**, ciuda**d**
e	*e*	[e]	geschlossenes *e* wie in *See*	**e**nfermo, dónd**e**
f	*efe*	[f]	wie *f* in *Feld*	ca**f**é, **F**élix

Spanisches Alphabet		Lautschrift und Erklärung		Beispiele
g	*ge*	[g]	1. vor *a, o, u* und Konsonanten wie *g*, aber sanfter	ten**g**o, **g**racias
			2. in der Verbindung *gue, gui* bleibt das *u* stumm und das *g* ein gesprochenes [g]	Mi**gu**el, **gu**itarra
		[x]	3. vor *e, i* wie *ch* in *doch*.	**G**erardo, ló**g**ico
h	*hache*		ist immer stumm	**h**otel, **h**ola
i	*i*	[i]	wie das deutsche *i* in *sie*	h**i**jo, ch**i**ca
j	*jota*	[x]	wie *ch* in *doch* (wie *g* vor *e, i*)	a**j**o, **J**erez, **j**amón
k	*ka*	[k]	wie das deutsche *k*, aber nicht gehaucht	**k**ilo, **k**ilómetro
l	*ele*	[l]	wie das deutsche *l* in *Leute*	ho**l**a, ¿qué ta**l**?
ll	*elle*	[ʎ]	wie deutsches *j*	Ma**ll**orca, ca**ll**e

Spanisches Alphabet		Lautschrift und Erklärung		Beispiele
m	*eme*	[m]	wie das deutsche *m* in *morgen*	María, América
n	*ene*	[n]	wie das deutsche *n* in *Nacht*	bueno, Ana
		[ŋ]	vor *t*, [θ] wie *n* in *kennt*	canto, once
ñ	*eñe*	[ɲ]	wie *nj*, ähnlich wie *gn* in *Champagner*	mañana, España
o	*o*	[o]	geschlossenes *o* wie in *so*	dónde, hola
p	*pe*	[p]	wie das deutsche *p*, aber nicht gehaucht	paella, España
q	*cu*	[k]	wie das deutsche *k*, aber nicht gehaucht. Immer vor *ue*, *ui*, das *u* bleibt stumm.	que, aquí

Spanisches Alphabet		Lautschrift und Erklärung		Beispiele
r	erre	[rr]	1. bei *rr*, am Wortanfang und nach *l*, *n*, *s* stark gerolltes Zungenspitzen-r	pe**rr**o, **R**ioja, **r**adio
		[r]	2. sonst, einfach gerolltes Zungenspitzen-r	pe**r**o, Pe**r**ú, ce**r**o
s	ese	[s]	stimmlos wie in *Messe*	que**s**o, **S**evilla, a**s**í
t	te	[t]	wie das deutsche *t*, aber nicht gehaucht	**t**engo, **t**res, Mar**t**a
u	u	[u]	wie *u* in *Buch*	**u**no, Per**ú**
v	uve	[b]	gleiche Aussprache wie das spanische *b*	**v**amos, **v**ino, **v**oy
		[b̬]	sanfter als das spanische *b*	Ja**v**ier, por fa**v**or
w	uve doble	[w] [b],[b̬]	nur in Fremdwörtern. Wird etwa wie das deutsche *u* in *Quark*, manchmal wie *b* ausgesprochen.	**w**áter (WC)

Lautschrift und Aussprache

Spanisches Alphabet		Lautschrift und Erklärung		Beispiele
x	*equis*	[ks]	1. zwischen Vokalen, wie *ks*	e**x**acto, ta**x**i
		[s]	2. vor Konsonanten wie *s* (in der gehobenen Sprache wie *ks*)	e**x**plicar, e**x**tranjero
y	*i griega*	[i]	ein sanftes *i*, wie das deutsche *j*	ha**y**, vo**y**, so**y**, **yy**o, ma**y**o
z	*zeta*	[θ] *E**	wie *th* in *thing* (siehe *c* vor *e*, *i*)	**z**apato, Vene**z**uela, a**z**úcar

* Aussprachevarianten in Spanien (*E*). In Südspanien und Lateinamerika kann die Aussprache abweichen.

Bei den **Diphthongen** (vokalischen Doppellauten) wird im Spanischen jeder Vokal einzeln gesprochen: **ae**ropuerto *Flughafen*, v**ei**nte *zwanzig*, **Eu**ropa, **eu**ro *Euro*.

Die Betonung und Akzentsetzung

Die meisten spanischen Wörter werden auf der **vorletzten Silbe** betont. Dazu gehören alle Wörter, die auf einen Vokal (*a, e, i, o, u*), *-n* oder *-s* enden.	**ca**sa, no**so**tros, bi**ci**cleta
Wörter, die auf Konsonant (außer *-n* oder *-s*) enden, werden auf der **letzten Silbe** betont.	ho**tel**, Ma**drid**, traba**jar**, fe**liz**
Wörter, die eine **andere Betonung** haben, brauchen einen **Akzent**, der zeigt, auf welche Silbe die Betonung fällt.	**mé**dico, **mú**sica, te**lé**fono, ca**fé**, a**quí**
Der Akzent wird auch verwendet, um die Bedeutung **einsilbiger Wörter** zu unterscheiden.	el *der* – **él** *er* **sí** *ja* – si *wenn, falls*
Alle **Fragewörter** tragen einen Akzent.	¿cu**á**ndo? *wann?*, ¿c**ó**mo? *wie?*, ¿qui**é**n? *wer?*

Wird bei der **Pluralbildung** die Silbe **-es** an ein Wort angehängt, das auf Konsonant endet, so kann dieses Wort einen Akzent erhalten oder verlieren, damit dieselbe Wortsilbe auch im Plural betont bleibt:
joven *jung* → **jó**venes; ale**mán** *deutsch* → ale**man**es; ja**món** *Schinken* → ja**mon**es.

Die Wortbindung

Der Klang der spanischen Sprache ist von der Bindung der Wörter innerhalb des Satzes geprägt. Die Bindung findet vor allem statt, wenn ein Wort mit Vokal endet und das nächste auch mit Vokal beginnt:

Me llamo‿Ana. Soy de‿Argentina. Vivo‿en Córdoba.

Frage- und Ausrufezeichen

Frage- und Ausrufezeichen werden immer am **Anfang und am Ende des Satzes** oder Teilsatzes geschrieben:

¿Cómo te llamas? – ¡Qué horror! – Pero ¿qué pasa?

Abkürzungen

m	männlich	adj	Adjektiv
f	weiblich	adv	Adverb
m/f	männlich und weiblich	art	Artikel
sg	Singular	conj	Konjunktion
pl	Plural	prep	Präposition
pron	Pronomen	pron	Pronomen
ugs	umgangssprachlich	nom	Nominativ
comp	Komparativ	gen	Genitiv
superlat	Superlativ	dat	Dativ
phrase	Zusammensetzung(en)	acc	Akkusativ
inv	unveränderlich	inf	Infinitiv
interj	Interjektion	ref	reflexiv
n	Nomen (Substantiv)	part	Partizip Perfekt
v	Verb	num	Grund- und Ordnungszahlen
v/ref	reflexives Verb		
v/aux	Hilfsverb		

DER MENSCH

Angaben zur Person

el hombre [el 'ɔmbre] *n*
- ¿Quién será el primer **hombre** que pise Marte?

der Mensch
- Wer wird der erste **Mensch** sein, der den Mars betritt?

el hombre [el 'ɔmbre] *n*
- Es todavía un **hombre** joven.

der Mann
- Er ist noch ein junger **Mann**.

la mujer [la mu'xɛr] *n*
- Es una **mujer** joven.

die Frau
- Sie ist eine junge **Frau**.

el señor [el se'ɲɔr] *n*
Abkürzung: Sr.
- ¿Puede ayudar al **señor**?

der Herr

- Können Sie dem **Herrn** helfen?

la señora [la se'ɲora] *n*
Abkürzung: Sra.
- ¡**Señoras** y señores!

die Dame

- Meine **Damen** und Herren!

la señorita [la seɲo'rita] *n*
Abkürzung: Srta.
- La **señorita** Fernández ya nos está esperando.

das Fräulein

- **Fräulein** Fernández wartet bereits auf uns.

la señora [la se'ɲora] *n*　　**die Frau**
Abkürzung: Sra.
▸ No conozco a esta **señora**.　▸ Ich kenne diese **Frau** nicht.

> **TIPP** Die Anredeformen lauten für **Herr** *señor*, für **Fräulein** *señorita* und für **Frau** *señora*.

tener ... años [te'nɛr 'aɲɔs]　　**... Jahre alt sein**
phrase
▸ **Tengo** veinte **años**.　▸ Ich bin zwanzig **Jahre alt**.

el apellido [el ape'ʎiðo] *n*　　**der Nachname**
▸ Carmen tiene un **apellido** muy largo.　▸ Carmen hat einen sehr langen **Nachnamen**.

> **TIPP** Spanier und Lateinamerikaner haben immer zwei Nachnamen. Sie bekommen jeweils den ersten Nachnamen ihres Vaters und den ersten ihrer Mutter. Wenn z. B. *Juan Sánchez Molero* und *Carmen López Vela* ein Kind namens *Ana* haben, wird es *Ana Sánchez López* oder seit neuestem auch *Ana López Sánchez* heißen.

el carné [el kar'ne] *n*　　**der Ausweis**
▸ He olvidado mi **carné**.　▸ Ich habe meinen **Ausweis** vergessen.

el carné de identidad　　**der Personalausweis**
[el kar'ne ðe iðenti'ða(ð)] *n*
▸ Su **carné de identidad**, por favor.　▸ Ihren **Personalausweis**, bitte.

casado, -a [ka'saðo, -a] *adj*　　**verheiratet**
▸ Está **casado** con mi hermana.　▸ Er ist mit meiner Schwester **verheiratet**.

la dirección [la direk'θjɔn] *n*	**die Adresse**
❯ ¿Me da su **dirección**, por favor?	❯ Geben Sie mir bitte Ihre **Adresse**?
el idioma [el i'djoma] *n*	**die Sprache**
❯ Sofia habla tres **idiomas**.	❯ Sofia spricht drei **Sprachen**.
el nombre [el 'nɔmbre] *n*	**der Name, der Vorname**
❯ No he entendido su **nombre**.	❯ Ich habe Ihren **Namen** nicht verstanden.
ser [ser] *v*	**sein**
❯ ¿**Es** usted de aquí?	❯ **Sind** Sie von hier?

Äußere Erscheinung

bonito, -a [bo'nito, -a] *adj*	**schön**
❯ ¡Qué **bonita** es esta playa!	❯ Wie **schön** ist dieser Strand!
ponerse [po'nɛrse] *v/ref*	**anziehen**
❯ La niña no quiere **ponerse** el jersey.	❯ Das kleine Mädchen will den Pullover nicht **anziehen**.
probarse [pro'barse] *v/ref*	**anprobieren**
❯ ¿Puedo **probarme** este jersey?	❯ Kann ich diesen Pullover **anprobieren**?
quitarse [ki'tarse] *v/ref*	**ausziehen**
❯ Hace calor. ¿Por qué no **te quitas** el jersey?	❯ Es ist warm. Warum **ziehst** du den Pullover nicht **aus**?

el vestido [el bes'tiðo] *n* ▸ Llevas un **vestido** muy bonito.	**das Kleid** ▸ Du hast ein schönes **Kleid** an.
alto, -a ['alto, -a] *adj* ▸ Andrea es tan **alta** como su hermana.	**groß** Höhe ▸ Andrea ist so **groß** wie ihre Schwester.
bajo, -a ['baxo, -a] *adj* ▸ No, Pepe no es **bajo**.	**klein** Höhe ▸ Nein, Pepe ist nicht **klein**.
feo, -a ['feo, -a] *adj* ▸ Paula no es nada **fea**.	**hässlich** ▸ Paula ist gar nicht **hässlich**.
guapo, -a ['gŭapo, -a] *adj* ▸ ¡Qué **guapa** estás hoy!	**hübsch** ▸ Du bist aber **hübsch** heute!
joven ['xoβen] *adj m/f* ▸ Mis padres todavía son **jóvenes**.	**jung** ▸ Meine Eltern sind noch **jung**.
parecer [pare'θɛr] *v* ▸ **Pareces** cansada.	**aussehen** ▸ Du **siehst** müde **aus**.
pequeño, -a [pe'keɲo, -a] *adj* ▸ Los niños son todavía **pequeños**.	**klein** allgemein ▸ Die Kinder sind noch **klein**.
típico, -a ['tipiko, -a] *adj* ▸ Es un plato **típico** de esta región.	**typisch** ▸ Das ist ein **typisches** Gericht aus dieser Gegend.
viejo, -a ['bi̯exo, -a] *adj* ▸ Mi madre todavía no es **vieja**.	**alt** ▸ Meine Mutter ist noch nicht **alt**.

Kleidung und Accessoires

el abrigo [el a'βrigo] *n*
> Me he comprado un **abrigo** nuevo.

der Mantel
> Ich habe mir einen neuen **Mantel** gekauft.

la blusa [la 'blusa] *n*
> ¿Te gusta mi **blusa**?

die Bluse
> Gefällt dir meine **Bluse**?

la camisa [la ka'misa] *n*
> Tu **camisa** está sucia.

das Hemd
> Dein **Hemd** ist schmutzig.

la camiseta [la kami'seta] *n*
> He metido tres **camisetas** en la maleta.

das T-Shirt
> Ich habe drei **T-Shirts** in den Koffer gepackt.

la chaqueta [la tʃa'keta] *n*
> Necesito una **chaqueta** de verano.

die Jacke
> Ich brauche eine Sommer**jacke**.

la falda [la 'falda] *n*
> ¿Has visto mi **falda** roja?

der Rock
> Hast Du meinen roten **Rock** gesehen?

las gafas [las 'gafas] *n pl*
> ¿Has visto mis **gafas**?

die Brille
> Hast du meine **Brille** gesehen?

el jersey [el xɛr'seĩ] *n*
> ¡Llévate el **jersey**!

der Pullover
> Nimm den **Pullover** mit!

la media [la 'meðia] *n*
> Necesito **medias** negras.

Strumpf
> Ich brauche schwarze **Strümpfe**.

el pantalón [el panta'lɔn] *n*
❱ El **pantalón** es azul.

die Hose
❱ Die **Hose** ist blau.

> **TIPP** *Pantalón* und *pantalones* – Einzahl und Mehrzahl: Beides kann synonym für **Hose** gesagt werden.

la ropa [la 'rrɔpa] *n*
❱ Los niños necesitan **ropa** de verano.

die Kleidung
❱ Die Kinder brauchen Sommer**kleidung**.

el zapato [el θa'pato] *n*
❱ ¿Has visto mis **zapatos**?

der Schuh
❱ Hast du meine **Schuhe** gesehen?

Soziale Beziehungen

el abuelo [el a'bŭelo] *n*
❱ Mi **abuelo** tiene 83 años.

der Großvater
❱ Mein **Großvater** ist 83 Jahre alt.

la abuela [la a'bŭela] *n*
❱ Mi **abuela** está en la playa.

die Großmutter
❱ Meine **Großmutter** ist am Strand.

el amigo [el a'migo] *n*
❱ Es un buen **amigo** de Pilar.

der Freund
❱ Er ist ein guter **Freund** von Pilar.

la amiga [la a'miga] *n*
❱ Mi madre tiene muchas **amigas**.

die Freundin
❱ Meine Mutter hat viele **Freundinnen**.

ayudar [aĭu'ðar] *v*
❱ ¿Quieres que te **ayude**?

helfen
❱ Möchtest du, dass ich dir **helfe**?

Soziale Beziehungen

el chico [el 'tʃiko] *n*
› Tienen dos hijos, un **chico** y una chica.

der Junge
› Sie haben zwei Kinder, einen **Jungen** und ein Mädchen.

la chica [la 'tʃika] *n*
› La **chica** que vive en el segundo piso es peruana.

das Mädchen
› Das **Mädchen**, das im zweiten Stock wohnt, kommt aus Peru.

conocer [konoˈθɛr] *v*
› Yo no **conozco** México.
› ¿Quieres **conocer** a mis padres?

kennen, kennenlernen
› Ich **kenne** Mexiko nicht.
› Willst du meine Eltern **kennenlernen**?

entenderse [entenˈdɛrse] *v/ref*
› Andrés no **se entiende** bien con su familia.

sich verstehen
› Andrés **versteht sich** nicht gut mit seiner Familie.

esperar [espeˈrar] *v*
› **Espera** un momento, por favor.

warten
› **Warte** bitte einen Augenblick.

la familia [la faˈmiʎa] *n*
› Es de la **familia**.

die Familie
› Sie gehört zur **Familie**.

el hermano [el ɛrˈmano] *n*
› Mi **hermano** se llama Luis.

der Bruder
› Mein **Bruder** heißt Luis.

los hermanos [los ɛrˈmanos] *n*
› Somos tres **hermanos**.

die Geschwister
› Wir sind drei **Geschwister**.

la hermana [la ɛrˈmana] *n*
› Mi **hermana** está enferma.

die Schwester
› Meine **Schwester** ist krank.

el hijo [el 'ixo] *n*   **der Sohn**
- Mi **hijo** está estudiando en París.
- Mein **Sohn** studiert in Paris.

los hijos [los 'ixos] *n*   **die Kinder**
- Tengo dos **hijos**.
- Ich habe zwei **Kinder**.

la hija [la 'ixa] *n*   **die Tochter**
- ¿Has visto a mi **hija**?
- Hast du meine **Tochter** gesehen?

---

invitar [imbi'tar] *v*   **einladen**
- He **invitado** a tu madre.
- Ich **habe** deine Mutter **eingeladen**.

---

la madre [la 'maðre] *n*   **die Mutter**
- Mi **madre** vive en el centro.
- Meine **Mutter** wohnt im Zentrum.

---

el marido [el ma'riðo] *n*   **der Ehemann**
- ¿Cómo está tu **marido**, Beatriz?
- Wie geht's deinem **Mann**, Beatriz?

---

la mujer [la mu'xɛr] *n*   **die Ehefrau**
- Mi **mujer** es de Salamanca.
- Meine **Frau** ist aus Salamanca.

---

el niño [el 'niɲo] *n*   **der Junge**
- Este **niño** es **bien educado**.
- Dieser **Junge** ist **gut erzogen**.

la niña [la 'niɲa] *n*   **das Mädchen**
- Mi hermano tiene dos **niñas**.
- Mein Bruder hat zwei **Mädchen**.

el novio [el 'noβĭo] *n*
⟩ Mira, ese es Tomás, el **novio** de mi hija.

der feste Freund
⟩ Schau, das ist Tomás, der **feste Freund** meiner Tochter.

la novia [la 'noβĭa] *n*
⟩ ¿Es tu **novia** o sois solamente buenos amigos?

die feste Freundin
⟩ Ist sie deine **feste Freundin** oder seid ihr nur gut befreundet?

el padre [el 'paðre] *n*
⟩ Mi **padre** trabaja todavía.

der Vater
⟩ Mein **Vater** arbeitet noch.

los padres [los 'paðres] *n*
⟩ Mis **padres** vienen mañana.

die Eltern
⟩ Meine **Eltern** kommen morgen.

querer [ke'rɛr] *v*
⟩ **Quiero** mucho a Marta.

lieben
⟩ Ich **liebe** Marta sehr.

visitar [bisi'tar] *v*
⟩ ¿Ya **has visitado** a tu madre?

besuchen
⟩ **Hast** du deine Mutter schon **besucht**?

Wahrnehmungen und Gefühle

acordarse [akɔr'ðarse] *v/ref*
⟩ No **me acuerdo**.

sich erinnern
⟩ Ich **erinnere mich** nicht.

alegrarse [ale'grarse] *v/ref*
⟩ ¿Por qué no **os alegráis** un poco?

sich freuen
⟩ Warum **freut** ihr **euch** nicht ein bisschen?

Wahrnehmungen und Gefühle

alegre [a'legre] *adj m/f*
- Carlos es una persona **alegre**.

fröhlich
- Carlos ist ein **fröhlicher** Mensch.

bien [bǐen] *adv*
- Estoy muy **bien**.
- Hablas **bien** el español.

gut
- Es geht mir sehr **gut**.
- Du sprichst **gut** Spanisch.

> **TIPP** Die Steigerungsformen von *gut – besser – am besten* entsprechen im Spanischen *bien – mejor – (lo) mejor*.

tener calor [te'nɛr ka'lɔr] *phrase*
- **Tengo** mucho **calor**.
- **Tiene** mucho **calor**.

warm sein, heiß sein jemandem
- Mir **ist** sehr **warm**.
- Ihm **ist** sehr **heiß**.

> **TIPP** Es wird unterschieden zwischen *hacer calor* und *tener calor*. *Hacer calor* wird verwendet, wenn die allgemeine Lage gemeint ist, während sich *tener calor* auf das Empfinden von Menschen oder Lebewesen bezieht.

cansado, -a [kan'sado, -a] *adj*
- Paloma está **cansada**.

müde
- Paloma ist **müde**.

darse cuenta ['darse 'kŭenta] *v/ref*
- Sí, **me he dado cuenta**.

bemerken, merken
- Ja, ich **habe** es **bemerkt**.

esperar [espe'rar] *v*
- **Espero** que venga mi marido.

hoffen
- Ich **hoffe**, dass mein Mann kommt.

Wahrnehmungen und Gefühle

tener frío [te'nɛr 'frio] *phrase* **kalt sein** jemandem
- Cierra la puerta, **tengo frío**.
- Schließ die Tür, mir **ist kalt**.

> **TIPP** Es wird unterschieden zwischen *hacer frío* und *tener frío*. *Hacer frío* wird verwendet, wenn die allgemeine Lage gemeint ist, während sich *tener frío* auf das Empfinden von Menschen oder Lebewesen bezieht.

gustar [gus'tar] *v* — **gefallen**
- Me **gusta** mucho este abrigo.
- Dieser Mantel **gefällt** mir sehr.

mal [mal] *adv* — **schlecht**
- He dormido **mal**.
- Ich habe **schlecht** geschlafen.

más [mas] *adv* — **besser, mehr**
- Esto me gusta **más**.
- Necesito **más** dinero.
- Das gefällt mir **besser**.
- Ich brauche **mehr** Geld.

más [mas] *adv* — zur Bildung des Komparativs
- José es **más** joven que yo.
- Jose ist jünger als ich.

> **TIPP** *Más* kann vor einem Adjektiv als Steigerungsform verwendet werden. Es gibt die erste Steigerungsstufe (Komparativ) an. Die zweite Steigerungsstufe (Superlativ) wird mit *el más* + Adjektiv, *la más* + Adjektiv oder *lo más* + Adjektiv gebildet.

Wahrnehmungen und Gefühle

mejor [mɛˈxɔr] *adj m/f* ❱ Mi radio es **mejor** que la de Juan.	**besser** ❱ Mein Radio ist **besser** als Juans.
mejor [mɛˈxɔr] *adj m/f + el/la* ❱ Es el **mejor** vino que he bebido hasta ahora.	**beste(r, -s)** + art ❱ Das ist der **beste** Wein, den ich bis jetzt getrunken habe.
mejor [mɛˈxɔr] *adv* ❱ El enfermo ya está **mejor**.	**besser** ❱ Dem Kranken geht es schon **besser**.

TIPP *Bueno* hat zwei Komparativ- und zwei Superlativformen: *mejor/el mejor* und *más bueno/el más bueno*. Während *mejor* im Superlativ vor das Substantiv gesetzt wird, wird *más bueno* danach platziert: *el mejor vino – el vino más bueno*.

el miedo [el ˈmĭeðo] *n* ❱ El niño tiene **miedo** por las noches.	**die Angst** ❱ Das Kind hat nachts **Angst**.
mirar [miˈrar] *v* ❱ **Mire** usted, yo creo que se equivoca.	**sehen, schauen** ❱ **Sehen** Sie, ich glaube, dass Sie sich irren.
molestar [molesˈtar] *v* ❱ ¿Le **molesta** la música, señor García?	**stören** ❱ **Stört** Sie die Musik, Herr García?
oír [oˈir] *v* ❱ Also, ich **höre** nichts.	**hören** ❱ Yo no **oigo** nada.
peor [peˈɔr] *adj m/f + el /la* ❱ Es el **peor** vino que he comprado hasta ahora.	**schlechteste(r, -s)** + art ❱ Das ist der **schlechteste** Wein, den ich bis jetzt gekauft habe.

Wahrnehmungen und Gefühle

peor [pe'ɔr] *adj m/f* — **schlechter**
› Este vino es **peor** que el otro. — › Dieser Wein ist **schlechter** als der andere.

peor [pe'ɔr] *adv* — **schlechter**
› Veo **peor** que tú. — › Ich sehe **schlechter** als du.

> **TIPP** *Malo* hat zwei Komparativ- und zwei Superlativformen: *peor/el peor* und *más malo/el más malo*. Während *peor* im Superlativ vor das Substantiv gesetzt wird, wird *más malo* danach platziert: *el peor vino – el vino más malo*.

saber [sa'bɛr] *v* — **wissen**
› No lo **sé**. — › Ich **weiß** es nicht.

sentirse [sen'tirse] *v/ref* — **sich fühlen**
› No **me siento** bien hoy. — › Ich **fühle mich** heute nicht gut.

tener [te'nɛr] *v* — **haben, besitzen**
› **Tengo** hambre. — › Ich **habe** Hunger.

tener miedo a [te'nɛr 'mi̯eðo a] *phrase* — **Angst haben vor**
› **Tiene miedo a** la oscuridad. — › Er **hat Angst vor** der Dunkelheit.

tranquilo, -a [traŋ'kilo, -a] *adj* — **beruhigt, ruhig**
› Puede usted estar **tranquilo**, señor Méndez. — › Sie können **beruhigt** sein, Herr Méndez.

ver [bɛr] *v* — **sehen**
› Todavía **veo** bien sin gafas. — › Ich **sehe** noch gut ohne Brille.

Meinungen und Urteile

bueno, -a ['bŭeno, -a] *adj* — **gut**
- Ricardo es un **buen** amigo. — Ricardo ist ein **guter** Freund.

> **TIPP** Vor maskulinen Substantiven im Singular wird die Kurzform *buen* anstatt *bueno* benutzt. Wird das Adjektiv dem Substantiv nachgestellt, so wird *bueno* benutzt.

creer [kre'ɛr] *v* — **glauben, meinen**
- **Creo** que me he equivocado. — Ich **glaube**, ich habe mich geirrt.
- Es una pregunta fácil, ¿no **crees**? — Das ist eine leichte Frage, **meinst** du nicht?

decidirse [deθi'dirse] *v/ref* — **sich entscheiden**
- Mi amiga no puede **decidirse** todavía. — Meine Freundin kann **sich** noch nicht **entscheiden**.

difícil [di'fiθil] *adj m/f* — **schwer, schwierig**
- Esta tarea es muy **difícil**. — Diese Aufgabe ist sehr **schwer**.
- Vuestras preguntas no son muy **difíciles**. — Eure Fragen sind nicht sehr **schwierig**.

equivocarse [ekiβo'karse] *v/ref* — **sich irren**
- Perdón, **me he equivocado**. — Entschuldigung, ich **habe mich geirrt**.

fácil ['faθil] *adj m/f* — **einfach, leicht**
- Es **fácil** encontrar el museo. — Es ist **einfach**, das Museum zu finden.
- La pregunta es muy **fácil**. — Die Frage ist sehr **leicht**.

importante [impɔr'tante] *adj m/f*	**wichtig**
❯ Es una carta muy **importante**.	❯ Das ist ein sehr **wichtiger** Brief.
interesar [intere'sar] *v*	**interessieren**
❯ Me **interesa** mucho esta película.	❯ Dieser Film **interessiert** mich sehr.
interesante [intere'sante] *adj m/f*	**interessant**
❯ Es un libro muy **interesante**.	❯ Das ist ein sehr **interessantes** Buch.
malo, -a ['malo, -a] *adj*	**schlecht**
❯ ¡Qué **malo** es este libro!	❯ Dieses Buch ist so **schlecht**!
❯ He tenido un **mal** día.	❯ Ich hatte einen **schlechten** Tag.

TIPP Vor maskulinen Substantiven im Singular wird die Kurzform *mal* anstatt von *malo* benutzt.

parecer [pare'θɛr] *v*	**finden**
❯ ¿Qué le **parece** este pueblo?	❯ Wie **finden** Sie dieses Dorf?
pensar [pen'sar] *v*	**denken**
❯ ¿Qué **estás pensando**?	❯ Was **denkst** du gerade?
permitir [pɛrmi'tir] *v*	**erlauben, gestatten**
❯ ¿Me **permite** usted una pregunta?	❯ **Gestatten** Sie mir eine Frage?

prohibir [proi'bir] *v*
- Mi madre me **prohibe** fumar.
- **Prohibido** aparcar.

verbieten
- Meine Mutter **verbietet** mir zu rauchen.
- Parken **verboten**.

prometer [prome'tɛr] *v*
- Le **prometo** buscar una solución.

versprechen
- Ich **verspreche** Ihnen, eine Lösung zu suchen.

ver [bɛr] *v*
- No **veo** otra solución.

sehen
- Ich **sehe** keine andere Lösung.

Nationalitäten

el extranjero, la extranjera [el estraŋ'xero, la estraŋ'xera] *n*
- Muchos estudiantes viajan al **extranjero**.
- En esta región viven muchos **extranjeros**.
- Yo soy **extranjera**.

das Ausland, der Ausländer, die Ausländerin
- Viele Studenten reisen ins **Ausland**.
- In dieser Gegend leben viele **Ausländer**.
- Ich bin **Ausländerin**.

extranjero, -a [estraŋ'xero, -a] *adj*
- Me gustan más los vinos **extranjeros**.

ausländisch
- Ich mag **ausländische** Weine lieber.

internacional [intɛrnaθĭo'nal] *adj m/f*
- Esto es un problema **internacional**.

international
- Das ist ein **internationales** Problem.

Nationalitäten

nacional [naθio'nal] *adj m/f*
- El fútbol es una pasión **nacional**.

national
- Fußball ist eine **nationale** Leidenschaft.

la nacionalidad [la naθionali'ða(ð)] *n*
- ¿Qué **nacionalidad** tiene usted, señora Vivar?
- Tengo doble **nacionalidad**.

die Nationalität, die Staatsangehörigkeit
- Welche **Nationalität** haben Sie, Frau Vivar?
- Ich habe eine doppelte **Staatsangehörigkeit**.

Alemania [ale'mania] *n f*
- **Alemania** exporta muchos coches.

Deutschland
- **Deutschland** exportiert viele Autos.

alemán, alemana [ale'man, ale'mana] *adj*
el alemán, la alemana [el ale'man, la ale'mana] *n*
- Ella es **alemana**.

deutsch

der Deutsche, die Deutsche
- Sie ist **Deutsche**.

> **TIPP** Geografische Namen werden in der Regel ohne Artikel verwendet. Man sagt z. B. *Viven en Suiza.* (**Sie leben in der Schweiz.**) Dort, wo der Artikel aber einen Teil des Namens bildet, darf er nicht weggelassen werden (z. B. *El Salvador*).

Austria ['austria] *n f*
- **Austria** es un país que no conocemos.

Österreich
- **Österreich** ist ein Land, das wir nicht kennen.

austríaco, -a [aus'triako, -a] *adj*
- Ana se ha comprado un violino **austríaco**.

österreichisch
- Ana hat sich eine **österreichische** Geige gekauft.

el austríaco, la austríaca
[el aŭs'triako, la aŭs'triaka] *n*
▸ Creo que la madre de Roberto es **austríaca**.

der Österreicher,
die Österreicherin
▸ Ich glaube, Robertos Mutter ist **Österreicherin**.

España [es'paɲa] *n f*
▸ Hemos hecho un viaje por **España**.

Spanien
▸ Wir haben eine Reise durch **Spanien** gemacht.

español, española
[espa'ɲɔl, espa'ɲɔla] *adj*

spanisch

el español, la española
[el espa'ɲɔl, la espa'ɲɔla] *n*
▸ Este **español** habla lento.

der Spanier, die Spanierin

▸ Dieser **Spanier** spricht langsam.

Europa [eŭ'ropa] *n f siehe Info unter Alemania*
▸ Mis padres viven en **Europa**.

Europa

▸ Meine Eltern leben in **Europa**.

europeo, -a [eŭro'peo, -a] *adj*

europäisch

el europeo, la europea
[el eŭro'peo, la eŭro'pea] *n*
▸ Aquí viven muchos **europeos**.

der Europäer,
die Europäerin
▸ Hier leben viele **Europäer**.

Francia ['franθĭa] *n f*
▸ Clara ha vivido un año en **Francia**.

Frankreich
▸ Clara hat ein Jahr in **Frankreich** gelebt.

francés, francesa
[fran'θes, fran'θesa] *adj*

französisch

el francés, la francesa
[el fran'θes, la fran'θesa] *n*
▸ Mi amiga es **francesa**.

der Franzose, die Französin

▸ Meine Freundin ist **Französin**.

Inglaterra [iŋglaˈtɛrra] *n f*
▸ Este año vamos de vacaciones a **Inglaterra**.

England
▸ Dieses Jahr fahren wir nach **England** in Urlaub.

inglés, inglesa [iŋˈgles, iŋˈglesa] *adj*
el inglés, la inglesa [el iŋˈgles, la iŋˈglesa] *n*
▸ Pedro es español, pero su mujer es **inglesa**.

englisch

der Engländer, die Engländerin
▸ Pedro ist Spanier, aber seine Frau ist **Engländerin**.

Italia [iˈtalja] *n f*
▸ **Italia** es un país que me gusta mucho.

Italien
▸ **Italien** ist ein Land, das mir sehr gut gefällt.

italiano, -a [itaˈljano, -a] *adj*

italienisch

el italiano, la italiana [el itaˈljano, la itaˈljana] *n*
▸ Su abuela es **italiana**.

der Italiener, die Italienerin
▸ Seine Großmutter ist **Italienerin**.

Latinoamérica [latinoaˈmerika] *n f auch:* ***América Latina*** *(zum Gebrauch des Artikels siehe Tipp bei* ***Alemania****)*
▸ No conocemos **Latinoamérica**.

Lateinamerika

▸ Wir kennen **Lateinamerika** nicht.

latinoamericano, -a [latinoameriˈkano, latinoameriˈkana] *adj*
▸ Es una película **latinoamericana**.

lateinamerikanisch

▸ Das ist ein **lateinamerikanischer** Film.

**el latinoamericano,
la latinoamericana**
[el latinoameriˈkano,
la latinoameriˈkana] *n*
❱ Hay muchos **latinoamericanos** en España.

**der Lateinamerikaner,
die Lateinamerikanerin**

❱ Es gibt viele **Lateinamerikaner** in Spanien.

Portugal [pɔrtuˈgal] *n m*
❱ Mi hermana está en **Portugal** desde hace tres meses.

Portugal
❱ Meine Schwester ist seit drei Monaten in **Portugal**.

portugués, portuguesa
[pɔrtuˈges, pɔrtuˈgesa] *adj*

portugiesisch

el portugués, la portuguesa
[el pɔrtuˈges, la pɔrtuˈgesa] *n*
❱ Vivimos en España pero somos **portugueses**.

**der Portugiese,
die Portugiesin**
❱ Wir leben in Spanien, aber wir sind **Portugiesen**.

Suiza [ˈsŭiθa] *n f*
❱ Vamos mucho a **Suiza** porque nos gusta la montaña.

die Schweiz
❱ Wir fahren viel in die **Schweiz**, weil wir die Berge mögen.

suizo, -a [ˈsŭiθo, -a] *adj*
❱ En casa comemos mucho queso **suizo**.

Schweizer, schweizerisch
❱ Zu Hause essen wir viel **Schweizer** Käse.

el suizo, la suiza
[el ˈsŭiθo, la ˈsŭiθa] *n*
❱ Nuestro médico es **suizo**.

**der Schweizer,
die Schweizerin**
❱ Unser Arzt ist **Schweizer**.

KÖRPER UND GESUNDHEIT

Körperteile

la boca [la 'boka] *n*
> Abra la **boca**, por favor.

der Mund
> Öffnen Sie bitte den **Mund**.

el brazo [el 'braθo] *n*
> Me duele el **brazo**.

der Arm
> Mir tut der **Arm** weh.

la cabeza [la ka'beθa] *n*
> Pepe no tiene nada serio en la **cabeza**.

der Kopf
> Pepe hat nur Unsinn im **Kopf**.

el dedo [el 'deðo] *n*
> Llevaba un anillo en su **dedo**.

der Finger
> Sie hatte einen **Ring** an ihrem Finger.

el dedo del pie [el 'deðo del pi̯e] *n*
> Una vez conocí a un chico con seis **dedos del pie**.

die Zehe
> Ich kannte einmal einen Jungen mit sechs **Zehen**.

el diente [el 'di̯ente] *n*
> Se me ha caído un **diente**.

der Zahn
> Ich habe einen **Zahn** verloren.

la espalda [la es'palda] *n*
> Siempre me duele la **espalda**.

der Rücken
> Mir tut immer der **Rücken** weh.

Körperteile

el hombro [el ˈɔmbro] *n* — **die Schulter**
› El niño está sentado en los **hombros** de su padre.
› Das Kind sitzt auf den **Schultern** seines Vaters.

la mano [la ˈmano] *n* — **die Hand**
› Dame la **mano**.
› Gib mir die **Hand**.

la nariz [la naˈriθ] *n* — **die Nase**
› Me quiero operar la **nariz**.
› Ich möchte meine **Nase** operieren lassen.

el ojo [el ˈɔxo] *n* — **das Auge**
› Tiene los **ojos** muy bonitos.
› Sie hat sehr schöne **Augen**.

el pecho [el ˈpetʃo] *n* — **die Brust**
› Ana da el **pecho** al bébé.
› Ana gibt dem Baby die **Brust**.

el pelo [el ˈpelo] *n* — **das Haar**
› Mi hermana tiene el **pelo** muy largo.
› Meine Schwester hat sehr langes **Haar**.

el pie [el pie̯] *n* — **der Fuß**
› Me duelen los **pies**.
› Mir tun die **Füße** weh.

la piel [la pi̯ɛl] *n* — **die Haut**
› El agua de mar es buena para la **piel**.
› Meerwasser ist gut für die **Haut**.

la pierna [la ˈpi̯ɛrna] *n* — **das Bein**
› Elisa tiene las **piernas** largas.
› Elisa hat lange **Beine**.

la rodilla [la rroˈðiʎa] *n* — **das Knie**
› Me voy a operar de la **rodilla**.
› Ich werde mir das **Knie** operieren lassen.

Körperpflege

el gel de ducha
[el xel de 'dutʃa] *n*
❯ He comprado un **gel de ducha**.

das Duschgel
❯ Ich habe ein **Duschgel** gekauft.

el cepillo [el θe'piʎo] *n*
❯ He olvidado el **cepillo** del pelo.

die Bürste
❯ Ich habe meine Haarbürste vergessen.

el cepillo de dientes
[el θe'piʎo de 'djentes] *n*
❯ ¡No te olvides de meter en la maleta tu **cepillo de dientes**!

Zahnbürste

❯ Vergiss nicht, deine **Zahnbürste** einzupacken!

el champú [el tʃam'pu] *n*
❯ Ha olvidado el **champú**.

das Shampoo
❯ Er hat das **Shampoo** vergessen.

el desodorante
[el desoðo'rante] *n*
❯ Teresa usa otro **desodorante**.

das Deo

❯ Teresa benutzt ein anderes **Deo**.

ducharse [du'tʃarse] *v/ref*
❯ ¿Quieres **ducharte**?

duschen
❯ Möchtest du **duschen**?

el jabón [el xa'ƀon] *n*
❯ Este **jabón** huele muy bien.

die Seife
❯ Diese **Seife** duftet sehr gut.

lavarse [la'ƀarse] *v/ref*
❯ A este niño no le gusta **lavarse**.

sich waschen
❯ Dieses Kind **wäscht sich** nicht gern.

Körperpflege

la manopla para baño [la ma'nopla 'para 'baɲo] *n*
> ¿Tienes una **manopla de baño**?

der Waschlappen
> Hast Du einen **Waschlappen**?

---

el pañuelo [el pa'ɲŭelo] *n*
> Siempre llevo **pañuelos** de papel .

das Taschentuch
> Ich habe immer Papier**taschentücher** dabei.

---

el papel higiénico [el pa'pel i'xĭeniko] *n*
> Tenemos que comprar **papel higiénico**.

das Klopapier
> Wir müssen **Klopapier** kaufen.

---

la pasta de dientes [la 'pasta de 'dĭentes] *n*
> Necesito un tubo de **pasta de dientes**.

Zahnpasta

> Ich brauche eine Tube **Zahnpasta**.

---

peinarse [pɛĭ'narse] *v/ref*
> ¿Por qué no **te peinas** el pelo para atrás?

sich kämmen
> Warum **kämmst** du **dir** die Haare nicht nach hinten?

---

la toalla [la to'aʎa] *n*
> Allí hay **toallas** limpias.

das Handtuch
> Dort liegen saubere **Handtücher**.

Gesundheit, Unfall und Krankheit

el cigarrillo [el θiga'rriʎo] *n*
- Habéis olvidado los **cigarillos**.

die Zigarette
- Ihr habt die **Zigaretten** vergessen.

el dentista [el den'tista] *n*
- Tengo que ir al **dentista**.

der Zahnarzt
- Ich muss zum **Zahnarzt**.

la dentista [la ðen'tista] *n*
- ¿Puedo hablar con la **dentista**?

die Zahnärztin
- Kann ich mit der **Zahnärztin** sprechen?

el doctor [el dɔk'tɔr] *n*
- El **doctor** todavía no ha llegado.

der Doktor
- Der **Doktor** ist noch nicht gekommen.

la doctora [la dɔk'tora] *n*
- ¿Puedo hablar con la **doctora**?

die Frau Doktor
- Kann ich mit der **Frau Doktor** sprechen?

el dolor [el do'lɔr] *n*
- Tengo **dolores** aquí.

der Schmerz
- Hier habe ich **Schmerzen**.

doler [do'lɛr] *v*
- ¿Dónde le **duele**, señor Vázquez?

schmerzen, wehtun
- Wo **tut** es Ihnen **weh**, Herr Vázquez?

el dolor de cabeza [el do'lɔr de ka'beθa] *n*
- ¿Tiene usted **dolor de cabeza**?

die Kopfschmerzen
- Haben Sie **Kopfschmerzen**?

> **TIPP** *Dolor de cabeza* wird im Spanischen, im Gegensatz zu **Kopfschmerzen** im Deutschen, normalerweise im Singular verwendet.

el dolor de muelas
[el do'lɔr de 'mŭelas] *n*
› Tengo un terrible **dolor de muelas**.

die Zahnschmerzen
› Ich habe fürchterliche **Zahnschmerzen**.

---

el dolor de vientre
[el do'lɔr de 'bĭentre] *n*
› Carlos ya no tiene **dolor de vientre**.

die Bauchschmerzen
› Carlos hat keine **Bauchschmerzen** mehr.

---

la enfermedad
[la emfɛrme'đa(đ)] *n*
› Por suerte no he tenido nunca una **enfermedad** grave.

die Krankheit
› Glücklicherweise hatte ich noch nie eine schwere **Krankheit**.

---

la enfermera
[la emfɛr'mera] *n*
› Trabajo de **enfermera** en el hospital.

die Krankenschwester
› Ich arbeite als **Krankenschwester** im Krankenhaus.

---

enfermo, -a
[em'fɛrmo, -a] *adj*
› Isabel está **enferma**, está en la cama.

krank
› Isabel ist **krank**, sie liegt im Bett.

---

estar [es'tar] *v*
› Ya **estoy** mejor.

gehen Zustand
› Es **geht** mir schon besser.

---

la farmacia [la far'maθĭa] *n*
› ¿Sabe usted dónde está la **farmacia**?

die Apotheke
› Wissen Sie, wo die **Apotheke** ist?

---

la fiebre [la 'fĭebre] *n*
› Tengo mucha **fiebre**.

das Fieber
› Ich habe hohes **Fieber**.

Gesundheit, Unfall und Krankheit

fumar [fu'mar] *v*	**rauchen**
❭ Usted no puede **fumar** aquí.	❭ Hier dürfen Sie nicht **rauchen**.
el hospital [el ɔspi'tal] *n*	**das Krankenhaus**
❭ Tenemos que llevarle al **hospital**.	❭ Wir müssen ihn ins **Krankenhaus** bringen.
la medicina [la međi'θina] *n*	**das Medikament, die Medizin**
❭ Tiene que tomar la **medicina** antes de la comida.	❭ Sie müssen das **Medikament** vor dem Essen nehmen.
❭ Hay que comprar la **medicina** en la farmacia.	❭ Wir müssen die **Medizin** in der Apotheke kaufen.
el médico [el 'međiko] *n*	**der Arzt**
❭ He llamado al **médico**.	❭ Ich habe den **Arzt** gerufen.
la médico [la 'međiko] *n* *auch* **la médica**	**die Ärztin**
❭ Creo que la **médico** ya ha llegado.	❭ Ich glaube, die **Ärztin** ist schon gekommen.
resfriado, -a [rres'friađo, -a] *adj*	**erkältet**
❭ No me siento bien, estoy **resfriada**.	❭ Ich fühle mich nicht gut, ich bin **erkältet**.
la salud [la sa'lu(đ)] *n*	**die Gesundheit**
❭ La **salud** es muy importante.	❭ Die **Gesundheit** ist sehr wichtig.

la sangre [la 'saŋgre] *n*
> El herido ha perdido mucha **sangre**.

das Blut
> Der Verletzte hat viel **Blut** verloren.

sano, -a ['sano, -a] *adj*
> La fruta es muy **sana**.

gesund
> Obst ist sehr **gesund**.

KOMMUNIKATION

Verständigung und Verständigungsprobleme

bien [bi̯en] *adv*	**gut**
❱ Está **bien**.	❱ Es ist **gut**.

Bien, ... [bi̯en] *interj*	**Gut, ...**
❱ **Bien**, si quieres, nos quedamos en casa.	❱ **Gut**, wenn du willst, bleiben wir zu Hause.

¿Cómo dice? ['komo 'ðiθe] *phrase auch ¿Cómo?*	**Wie bitte?** Höflichkeitsform
❱ **¿Cómo dice?** No la he entendido, señora Latorre.	❱ **Wie bitte?** Ich habe Sie nicht verstanden, Frau Latorre.

TIPP Im Spanischen wird für **Wie bitte?** immer eine konjugierte Form des Verbs *decir*, je nachdem wer gefragt wird, angehängt.

contar [kɔn'tar] *v*	**erzählen**
❱ Pablo me **ha contado** lo del accidente.	❱ Pablo **hat** mir das mit dem Unfall **erzählt**.

contestar [kɔntes'tar] *v*	**antworten**
❱ ¿Puede usted **contestar**me esta semana?	❱ Können Sie mir diese Woche **antworten**?

enseñar [ense'ɲar] v ❯ ¿Me **enseña** la habitación?	**zeigen** ❯ **Zeigen** Sie mir das Zimmer?
explicar [e(g)spli'kar] v ❯ ¿Me puedes **explicar** esto?	**erklären** ❯ Kannst du mir das **erklären**?
hablar [a'blar] v ❯ ¿**Habla** usted español?	**sprechen** ❯ **Sprechen** Sie Spanisch?
la información [la imfɔrma'θjõn] n ❯ Necesitamos más **información**.	**die Information** ❯ Wir brauchen mehr **Information**.
informar [imfɔr'mar] v ❯ Roberto quiere que le **informe** mañana.	**informieren** ❯ Roberto will, dass ich ihn morgen **informiere**.
llamarse [ʎa'marse] v/ref ❯ ¿Cómo **se llama** usted, por favor?	**heißen** ❯ Wie **heißen** Sie, bitte?
mirar [mi'rar] v ❯ No me **mires** así.	**anschauen, ansehen** ❯ **Sieh** mich nicht so **an**.
no [no] adv ❯ ¿Quieres una cerveza? – **No**, gracias.	**nein** ❯ Willst du ein Bier? – **Nein**, danke.
¿Qué pasa? [ke 'pasa] phrase ❯ ¿**Qué** le **pasa**? ¿No está bien?	**Was ist los?** ❯ **Was ist (los)** mit Ihnen? Geht's Ihnen nicht gut?

TIPP Im Perfekt heißt es: *¿Qué ha pasado?* Was ist passiert?

la pregunta [la pre'gunta] *n*	**die Frage**
❯ Tengo una **pregunta**.	❯ Ich habe eine **Frage**.
preguntar [pregun'tar] *v*	**fragen**
❯ Tus padres no me **han preguntado** nada.	❯ Deine Eltern **haben** mich nichts **gefragt**.
recomendar [rrɛkomen'dar] *v*	**empfehlen**
❯ Le **recomiendo** el menú del día.	❯ Ich **empfehle** Ihnen das Tagesmenü.
repetir [rrɛpe'tir] *v*	**wiederholen**
❯ No lo quiero **repetir**.	❯ Ich will das nicht **wiederholen**.
sí [si] *adv*	**ja**
❯ **Sí**, soy argentina.	❯ **Ja**, ich bin Argentinierin.
la situación [la sitŭa'θŏɔn] *n*	**die Lage, die Situation**
❯ Estamos en una **situación** difícil.	❯ Wir befinden uns in einer schwierigen **Lage**.
Vale. ['bale] *phrase*	**einverstanden, in Ordnung**
❯ **Vale**, voy con vosotros.	❯ **Einverstanden**, ich gehe mit euch.
ver [bɛr] *v*	**sehen**
❯ ¡Me alegro de **ver**le!	❯ Ich freue mich, Sie zu **sehen**!
verse ['bɛrse] *v/ref*	**sich sehen**
❯ **Nos vemos** el domingo.	❯ Wir **sehen uns** am Sonntag.

Bitte, Dank und Entschuldigung

gracias ['graθias] *phrase*
- ¿Cómo está? – Bien, **gracias**.

danke
- Wie geht es Ihnen? – Gut, **danke**.

Muchas gracias. ['mutʃas 'graθias] *phrase*
- **Muchas gracias** por las flores.

Vielen Dank.
- **Vielen Dank** für die Blumen.

¡Qué lástima me da …! [ke 'lastima] *phrase*
- **¡Qué lástima me da** Laura!

… tut mir leid.
- Laura **tut mir** wirklich **leid**!

Nada, … ['naða] *phrase*
- **Nada,** no preocuparos, a las once y media estaréis allí.

Macht nichts, …
- **Macht nichts,** macht euch keine Sorgen, um halb zwölf werdet ihr da sein.

de nada [de 'naða] *phrase*
- ¡Gracias por los libros! – ¡**De nada**!

bitte, bitte sehr
- Danke für die Bücher! – **Bitte**!

Perdón. [pɛr'ðɔn] *interj*
- **Perdón,** ¿me puede ayudar?

Entschuldigung.
- **Entschuldigung,** können Sie mir helfen?

por favor [pɔr fa'βɔr] *phrase*
- **Por favor,** habla con María.

bitte
- Sprich **bitte** mit María.

sentir [sen'tir] *v*
- **Siento** llegar tan tarde.

leidtun
- Es **tut** mir **leid**, so spät zu kommen.

Kontaktaufnahme und Abschied

Adiós. [a'ðiɔs] *interj*
- **Adiós**, nos vemos mañana.

Auf Wiedersehen.
- **Auf Wiedersehen**, wir sehen uns morgen.

charlar [tʃar'lar] *v*
- A mi hija le gusta **charlar** con los amigos.

plaudern, sich unterhalten
- Meine Tochter **plaudert** gern mit ihren Freunden.

¡Buenos días!
['bŭenos 'ðias] *phrase*
- **Buenos días**, un café con leche, por favor.

Guten Morgen!; Guten Tag!
- **Guten Tag**, einen Kaffee, bitte.

> **TIPP** Bis zum Mittagessen (circa 14.00 Uhr) begrüßt man sich im Spanischen mit *Buenos días*.

entender [enten'dɛr] *v*
- No le **he entendido**, señor Ramírez.

verstehen
- Ich **habe** Sie nicht **verstanden**, Herr Ramírez.

¡Hasta luego! ['asta 'lŭego] *phrase*
- Me voy, **hasta luego**.
- **Hasta luego**, ¡nos vemos el lunes!

Bis später!; Tschüs!
- Ich gehe, **bis später**.
- **Tschüs**, wir sehen uns am Montag!

¡Hola! ['ola] *interj*
- **¡Hola!** ¿Cómo estás?

Hallo!
- **Hallo**! Wie geht's?

llamar [ʎa'mar] *v*
- **Llamo** a los niños y vamos a comer.

rufen
- Ich **rufe** die Kinder und dann essen wir.

¿No? [no] *interj*
- Ya has hablado con él, ¿**no**?

Oder?
- Du hast schon mit ihm gesprochen, **oder**?

Buenas noches.
['bŭenas 'notʃes] *phrase*
- Nos vamos, **buenas noches**.

Gute Nacht.; Guten Abend.
- Wir gehen, **gute Nacht**.

> **TIPP** Im Spanischen begrüßt man sich mit *Buenas noches* sobald es dunkel geworden ist. Vor dem Schlafengehen wünscht man sich mit der gleichen Wendung eine gute Nacht.

saludar [salu'ðar] *v*
- Voy a **saludar** a tus padres.

begrüßen
- Ich gehe mal deine Eltern **begrüßen**.

Buenas tardes.
['bŭenas 'tarðes] *phrase*
- **Buenas tardes**, hemos reservado una mesa.

Guten Abend.; Guten Tag.
- **Guten Abend**, wir haben einen Tisch reserviert.

> **TIPP** Mit *Buenas tardes* begrüßt man sich in Spanien ab dem Mittagessen (ab circa 14.00 Uhr) bis zum Einbruch der Dunkelheit. Daher kann es sowohl mit Guten Tag als auch mit Guten Abend übersetzt werden.

Informationsmedien

el archivo [el ar'tʃißo] *n*
》 Tengo que guarder este **archivo**.

die Datei
》 Ich muss diese **Datei** abspeichern.

la carta [la 'karta] *n*
》 He recibido una **carta** de mi amigo.

der Brief
》 Ich habe einen **Brief** von meinem Freund bekommen.

chatear [tʃate'ar] *v*
》 Me gusta **chatear** con mis amigos en Europa.

chatten
》 Es gefällt mir, mit meinen Freunden in Europa zu **chatten**.

contestar [kɔntes'tar] *v*
》 Claudia todavía no **ha contestado** mi correo.

beantworten
》 Claudia **hat** meine E-Mail noch nicht **beantwortet**.

el correo electrónico [el ko'rrɛo elɛk'trɔniko] *n*
》 Se lo mando por **correo electrónico**.

die E-Mail
》 Ich schicke es Ihnen per **E-Mail**.

los datos [los 'datɔs] *n pl*
》 Creo que casi todos tenemos unos **datos** sensibles en su ordenador.

die Daten
》 Ich glaube, fast jeder hat sensible **Daten** auf seinem Computer.

estimado, -a [esti'mado, -a] *adj*
》 (En cartas:) **Estimados** señores:

geehrt
》 (In Briefen:) **Sehr geehrte** Damen und Herren,

Informationsmedien

el internet [el intɛr'net] *n* — **das Internet**
› Encontré mi último trabajo en **internet**.
› Ich habe meine letzte Arbeit im **Internet** gefunden.

llamar por teléfono [ʎa'mar pɔr te'lefono] *v* — **anrufen, telefonieren**
› Puede **llamar** desde su habitación.
› Sie können von Ihrem Zimmer aus **anrufen**.

mandar [man'dar] *v* — **schicken**
› Si quieres, te **mando** el libro.
› Wenn du willst, **schicke** ich dir das Buch.

el mensaje de texto [el men'saxe 'teksto] *n* — **SMS**
› ¿Por qué no me mandas un **mensaje de texto**?
› Warum sendest Du mir keine **SMS**?

el número [el 'numero] *n* — **die Nummer**
› ¿Qué **número** de teléfono tiene usted?
› Welche Telefon**nummer** haben Sie?

el ordenador [el ɔrðena'ðɔr] *n* — **der Computer**
› Mi **ordenador** es muy viejo.
› Mein **Computer** ist sehr alt.

el ordenador portátil [el ɔrðena'ðɔr pɔr'tatil] *n* — **das Notebook**
› No tengo este programa en mi **ordenador portátil**.
› Ich habe dieses Programm nicht auf meinem **Notebook**.

la pantalla [la pan'taʎa] *n* — **der Bildschirm**
› Necesito una **pantalla** más grande para ver películas.
› Ich brauche einen größeren **Bildschirm**, um Filme ansehen zu können.

la película [la peˈlikula] *n*	**der Film**
▸ Es una de las mejores **películas** americanas.	▸ Das ist einer der besten amerikanischen **Filme**.
el periódico [el peˈrioðiko] *n*	**die Zeitung**
▸ Antes de ir al trabajo siempre leo el **periódico**.	▸ Bevor ich zur Arbeit gehe, lese ich immer die **Zeitung**.
querido, -a [keˈriðo, -a] *adj*	**liebe(r, -s)** Anrede
▸ **Querido** Pepe, ...	▸ **Lieber** Pepe, ...
la radio [la ˈrraðio] *n*	**das Radio**
▸ No me gusta oír la **radio**.	▸ Ich höre nicht gern **Radio**.
el sello [el ˈseʎo] *n*	**die Briefmarke**
▸ ¿Dónde puedo comprar **sellos**?	▸ Wo kann ich **Briefmarken** kaufen?
el teléfono [el teˈlefono] *n*	**das Telefon**
▸ Nos han reparado el **teléfono**.	▸ Sie haben unser **Telefon** repariert.
el teléfono móvil [el teˈlefono ˈmoβil] *n*	**das Handy**
▸ ¿Por qué no me llamaste al **teléfono móvil**?	▸ Warum hast Du mich nicht auf dem **Handy** angerufen?
la televisión [la teleβiˈsion] *n*	**das Fernsehen**
▸ En la **televisión** hay una película interesante.	▸ Im **Fernsehen** gibt es einen interessanten Film.
el wifi [el ˈwifi] *n*	**das WLAN**
▸ Hay **wifi** en todas las habitaciones del hotel.	▸ In allen Zimmern des Hotels gibt es **WLAN**.

ALLTAGSLEBEN UND WOHNEN

Allgemeine Aktivitäten

arreglar [arrɛˈglar] *v*
- Creo que me pueden **arreglar** el coche aquí.

reparieren
- Ich glaube, dass sie das Auto hier **reparieren** können.

---

bajar [baˈxar] *v*
- Voy a **bajar** al pueblo.
- El precio del pan **ha bajado**.

hinuntergehen, sinken
- Ich werde ins Dorf **hinuntergehen**.
- Der Brotpreis **ist gesunken**.

---

bastar [basˈtar] *v*
- No **basta** para vivir.

genügen, reichen
- Das **reicht** nicht zum Leben.

---

buscar [busˈkar] *v*
- **Busco** trabajo en España.

suchen
- Ich **suche** Arbeit in Spanien.

---

cambiar [kamˈbi̯ar] *v*
- ¿Por qué se **ha cambiado** la hora de salida?

ändern
- Warum **hat** man die Abfahrtzeit **geändert**?

---

dar [dar] *v*
- Te **doy** mi número de teléfono.

geben
- Ich **gebe** dir meine Telefonnummer.

dejar de [dɛ'xar de] *v + inf*
❱ Mi padre **ha dejado de** trabajar.

aufhören zu
❱ Mein Vater **hat aufgehört zu** arbeiten.

dejar [dɛ'xar] *v*
❱ ¡No me **dejas** hablar!

lassen
❱ Du **lässt** mich nicht reden!

empezar [empe'θar] *v*
❱ La película **empieza** a las ocho.

anfangen, beginnen
❱ Der Film **beginnt** um acht.

encontrar [eŋkɔn'trar] *v*
❱ Es difícil **encontrar** trabajo.

finden
❱ Es ist schwer, Arbeit zu **finden**.

esperar [espe'rar] *v*
❱ Te **esperamos** en el cine.

warten
❱ Wir **warten** im Kino auf dich.

estar [es'tar] *v*
❱ Pepito **está** enfermo.

sein
❱ Pepito **ist** krank.

TIPP In Verbindung mit einem Adjektiv beschreibt *estar* einen vorübergehenden physischen oder psychischen Zustand.

estar [es'tar] *v + Gerundium*
❱ Los niños **están** jugando.

gerade etwas tun
❱ Die Kinder **spielen gerade**.

TIPP *Estar* bildet im Präsens zusammen mit dem Gerundium eine *perífrasis de gerundio*. Es handelt sich um eine Verbzeit, die angibt, dass etwas gerade geschieht bzw. jemand etwas gerade tut.

llevar [ʎe'bar] *v*
❱ El autobús le **lleva** hasta el centro.

bringen
❱ Der Bus **bringt** Sie bis ins Zentrum.

meter [me'tɛr] *v*
> **He metido** las bolsas en el coche.

hineinlegen, hineinstellen, legen, stellen
> Ich **habe** die Tüten ins Auto **gestellt**.

olvidar [ɔlbi'ðar] *v*
> **He olvidado** su nombre.

vergessen
> Ich habe Ihren Namen **vergessen**.

pasar [pa'sar] *v*
> **Pase** usted.

hereinkommen
> **Kommen** Sie **herein**.

TIPP *Pasar* kann ins Deutsche nicht eindeutig übersetzt werden. Es bedeutet sowohl **kommen** als auch **gehen** bzw. **fahren** und vermittelt die Idee, an etwas vorbeizukommen, es zu **durchqueren, zu überfliegen** oder **vorbeizufahren**. In der Wendung *pase usted* ist damit wörtlich gemeint: **Kommen Sie durch die Tür**.

perder [pɛr'ðɛr] *v*
> **He perdido** el dinero.

verlieren
> Ich **habe** das Geld **verloren**.

preparar [prepa'rar] *v*
> **Preparamos** la fiesta de cumpleaños.

vorbereiten
> Wir **bereiten** die Geburtstagsfeier **vor**.

quedarse [ke'ðarse] *v/ref*
> Mi hermana **se queda** cinco días en el hotel.

bleiben
> Meine Schwester **bleibt** fünf Tage in dem Hotel.

quitar [ki'tar] *v*
> Nos **han quitado** la llave del coche.

wegnehmen
> Sie **haben** uns den Autoschlüssel **weggenommen**.

reparar [rrɛpa'rar] *v* ❯ Todavía no **han reparado** el teléfono.	**reparieren** ❯ Sie **haben** das Telefon noch nicht **repariert**.
el ruido [el 'rrŭiđo] *n* ❯ No puedo dormir con este **ruido**.	**der Lärm** ❯ Ich kann bei diesem **Lärm** nicht schlafen.
saber [sa'bɛr] *v* ❯ La niña ya **sabe** leer.	**können** erworbene Fähigkeit ❯ Das kleine Mädchen **kann** schon lesen.
sentarse [sen'tarse] *v/ref* ❯ ¿**Se** quiere usted **sentar**?	**sich setzen** ❯ Möchten Sie **sich setzen**?
ser [ser] *v* ❯ **Soy** médico.	**sein** ❯ Ich **bin** Arzt.
subir [su'bir] *v* ❯ Los precios **suben**.	**steigen** ❯ Die Preise **steigen**.
tocar [to'kar] *v* ❯ ¡No **tocar**!	**berühren** ❯ Bitte nicht **berühren**!
tomar [to'mar] *v* ❯ Yo **tomo** la maleta, **tome** usted la bolsa.	**nehmen** ❯ Ich **nehme** den Koffer, **nehmen** Sie die Tasche.
venir [be'nir] *v* ❯ Mi hija **viene** a las ocho.	**kommen** ❯ Meine Tochter **kommt** um acht.
la vida [la 'biđa] *n* ❯ Así es la **vida**.	**das Leben** ❯ So ist das **Leben**.

vivir [biˈbir] *v*
> En esta ciudad se **vive** muy bien.

leben
> In dieser Stadt **lebt** man sehr gut.

volver [bɔlˈbɛr] *v*
> Creo que **volverán** a Cuenca en marzo.

zurückkommen
> Ich glaube, sie werden im März nach Cuenca **zurückkommen**.

Tägliche Routine

abrir [aˈbrir] *v*
> ¿Me **abres** la botella?

öffnen
> **Öffnest** du mir die Flasche?

a casa [a ˈkasa] *phrase*
> ¿Vamos **a casa**?

nach Hause
> Gehen wir **nach Hause**?

en casa [eŋ ˈkasa] *phrase*
> Juan no está **en casa**.

zu Hause
> Juan ist nicht **zu Hause**.

cerrar [θɛˈrrar] *v*
> **Cierra** la puerta, por favor.

schließen
> **Schließe** bitte die Tür.

coger [kɔˈxɛr] *v*
> **Coja** mi maleta, por favor.

nehmen
> **Nehmen** Sie bitte meinen Koffer.

TIPP *Coger* wird hauptsächlich in Spanien benutzt. In Lateinamerika verwendet man die Verben *tomar* oder *agarrar*.

dormir [dɔrˈmir] *v*
> ¿Has **dormido** bien?

schlafen
> **Hast** du gut **geschlafen**?

dormirse [dɔr'mirse] *v/ref*	**einschlafen**
❭ El bebé **se ha dormido** enseguida.	❭ Das Baby **ist** sofort **eingeschlafen**.
encender [enθen'dɛr] *v*	**einschalten**
❭ ¿Podrías **encender** la luz, por favor?	❭ Könntest Du bitte das Licht **einschalten**?
estar [es'tar] *v*	**sein, sich befinden** bei Ortsangaben
❭ Mañana voy a **estar** en casa.	❭ Morgen werde ich zu Hause **sein**.

TIPP *Ser* und *estar* werden zwar beide mit **sein** übersetzt, im Spanischen aber unterschiedlich eingesetzt. So benutzt man *ser*, um Name, Herkunft, Nationalität, Besitz, Beruf, charakteristische Eigenschaften und die Uhrzeit anzugeben. *Estar* wird hingegen zur Angabe von vorübergehenden Zuständen oder Befinden von Personen und Sachen oder bei Ortsangaben angewandt.

funcionar [funθĭo'nar] *v*	**funktionieren**
❭ El teléfono no **funciona**.	❭ Das Telefon **funktioniert** nicht.
haber [a'βɛr] *v*	**geben, sein** existieren
❭ ¿**Hay** cerveza en la nevera?	❭ **Gibt** es Bier im Kühlschrank?
❭ No **hay** nadie en casa.	❭ Es **ist** niemand zu Hause.

TIPP *Hay* ist die Präsensform von *haber* in der 3. Person Singular. Es wird, wenn es **geben** oder **sein** bedeutet, immer in dieser Form verwendet und trägt kein Subjekt.

hay que [aĭ ke] *phrase*	**man muss**
❭ **Hay que** esperar un poco.	❭ **Man muss** ein bisschen warten.

hacer [a'θɛr] *v*	**machen, tun**
▸ ¿Qué **hacemos** hoy?	▸ Was **machen** wir heute?
juntos, -as ['xuntɔs, -as] *adj*	**zusammen**
▸ Vamos **juntos** al cine.	▸ Wir gehen **zusammen** ins Kino.
lavar [la'bar] *v*	**waschen**
▸ Tengo que **lavar** estos pantalones.	▸ Ich muss diese Hose **waschen**.
levantarse [leban'tarse] *v/ref*	**aufstehen**
▸ **Nos levantamos** siempre a las siete.	▸ Wir **stehen** immer um sieben Uhr **auf**.
llegar [ʎe'gar] *v*	**kommen**
▸ Siempre **llego** a las dos.	▸ Ich **komme** immer um zwei Uhr.
necesitar [neθesi'tar] *v*	**brauchen**
▸ ¿**Necesita** usted algo?	▸ **Brauchen** Sie etwas?
poner [po'nɛr] *v*	**legen, stellen, setzen**
▸ Puedes **poner** los libros en la mesa.	▸ Du kannst die Bücher auf den Tisch **legen**.
preparar [prepa'rar] *v*	**zubereiten**
▸ Eva y Ramón ya **han preparado** la comida.	▸ Eva und Ramon **haben** das Essen schon **zubereitet**.
recibir [rrɛθi'bir] *v*	**bekommen, erhalten**
▸ **Hemos recibido** un e-mail de Julia.	▸ Wir haben eine E-Mail von Julia **bekommen**.

ser [ser] *v*
- Cristian **es** mi hermano.
- Pilar **es** muy guapa.

sein
- Cristian **ist** mein Bruder.
- Pilar **ist** sehr hübsch.

> **TIPP** In Verbindung mit einem Adjektiv beschreibt *ser* einen andauernden Zustand, eine charakteristische Eigenschaft oder die Zugehörigkeit zu einer Art oder Klasse.

tocar [to'kar] *v*
- ¡No **toques** las flores!

anfassen
- **Fass** die Blumen nicht **an**!

vivir [bi'bir] *v*
- ¿En qué ciudad **vive** usted?

wohnen
- In welcher Stadt **wohnen** Sie?

volver [bɔl'ƀɛr] *v*
- Nunca **vuelven** antes de las seis.

nach Hause kommen
- Sie **kommen** nie vor sechs Uhr **nach Hause**.

Haus und Räumlichkeiten

el baño [el 'baɲo] *n*
- No me quedan habitaciones con **baño**.

das Bad
- Ich habe keine Zimmer mit **Bad** mehr.

la casa [la 'kasa] *n*
- La **casa** tiene tres pisos.

das Haus
- Das **Haus** hat drei Stockwerke.

la cocina [la ko'θina] *n*
- Mi **cocina** es muy grande.

die Küche
- Meine **Küche** ist sehr groß.

el dormitorio
[el dɔrmi'torĭo] *n*
❱ Me gustaría tener un **dormitorio** más amplio.

das Schlafzimmer
❱ Ich würde gern ein geräumigeres **Schlafzimmer** haben.

entrar [en'trar] *v*
❱ ¡**Entren**, por favor!
❱ Vamos a **entrar** en la casa.

eintreten, hineingehen
❱ Bitte **treten** Sie **ein**!
❱ Wir **gehen** in das Haus hinein.

la habitación [la aβita'θĭon] *n*
❱ En el hotel ya no hay **habitaciones** libres.

das Zimmer
❱ Im Hotel gibt es keine freien **Zimmer** mehr.

el jardín [el xar'đin] *n*
❱ La casa no tiene **jardín**.

der Garten
❱ Das Haus hat keinen **Garten**.

limpiar [lim'pĭar] *v*
❱ ¿Ya **habéis limpiado** la habitación?

sauber machen
❱ **Habt** ihr das Zimmer schon **sauber gemacht**?

la sala de estar
[la 'sala đe es'tar] *n*
❱ La **sala de estar** es muy grande.

das Wohnzimmer
❱ Das **Wohnzimmer** ist sehr groß.

el servicio [el sɛr'βiθĭo] *n*
❱ Los **servicios** están allí a la derecha.

die Toilette
❱ Die **Toiletten** sind dort rechts.

subir [su'βir] *v*
❱ ¿Ya **habéis subido** al segundo piso?

hinaufgehen
❱ **Seid** ihr schon in den zweiten Stock **hinaufgegangen**?

Wohnung, Möbel und Ausstattung

alquilar [alki'lar] *v* — **mieten, vermieten**
- **He alquilado** un coche. — Ich **habe** ein Auto **gemietet**.
- **Se alquila** piso. — Wohnung zu **vermieten**.

> **TIPP** Oft gibt der Artikel des Substantivs an, ob es sich bei *alquilar* um **mieten** oder **vermieten** handelt. Possessivpronomen geben normalerweise an, dass es sich um **vermieten** handelt: *He alquilado mi piso.* – Ich habe meine Wohnung **vermietet.** Indefinitpronomen hingegen deuten auf **mieten**: *He alquilado un piso.* – Ich habe eine Wohnung gemietet.

el armario [el ar'marjo] *n* — **der Schrank**
- Mañana vamos a comprar un **armario** para la ropa. — Morgen kaufen wir einen Kleider**schrank**.

el ascensor [el asθen'sɔr] *n* — **der Aufzug**
- El **ascensor** no funciona. — Der **Aufzug** funktioniert nicht.

el balcón [el bal'kɔn] *n* — **der Balkon**
- El piso tiene dos **balcones**. — Die Wohnung hat zwei **Balkone**.

el banco [el 'baŋko] *n* — **die Bank**
- Queremos comprar un **banco** para el jardín. — Wir wollen eine **Bank** für den Garten kaufen.

la cama [la 'kama] *n* — **das Bett**
- Hasta mañana, me voy a la **cama**. — Bis morgen, ich gehe ins **Bett**!

cómodo, -a ['komođo, -a] *adj* — **bequem**
- ¡Qué **cómoda** es esta cama! — Wie **bequem** dieses Bett ist!

la ducha [la 'dutʃa] *n*
> Busco una habitación con **ducha**.

die Dusche
> Ich suche ein Zimmer mit **Dusche**.

la mesa [la 'mesa] *n*
> La comida está ya en la **mesa**.

der Tisch
> Das Essen steht schon auf dem **Tisch**.

el piso [el 'piso] *n*

> ¿En qué **piso** vivís?

> Carmen y Paco han comprado un **piso**.

das Stockwerk, die Wohnung

> In welchem **Stockwerk** wohnt ihr?

> Carmen und Paco haben eine **Wohnung** gekauft.

la puerta [la 'pŭɛrta] *n*
> Cierre la **puerta**, por favor.

die Tür
> Schließen Sie bitte die **Tür**.

la silla [la 'siʎa] *n*
> Falta una **silla**.

der Stuhl
> Es fehlt ein **Stuhl**.

la ventana [la ƀen'tana] *n*
> Abra la **ventana**, por favor.

das Fenster
> Öffnen Sie bitte das **Fenster**.

Alltagsgegenstände und -geräte

el bolígrafo [el boˈliɣrafo] *n* — **der Kugelschreiber**
auch boli
- ¿Me prestas un momento tu **bolígrafo**?
- Kannst du mir kurz deinen **Kugelschreiber** leihen?

la cocina [la koˈθina] *n* — **der Herd**
- Mi **cocina** no funciona.
- Mein **Herd** funktioniert nicht.

la cosa [la ˈkosa] *n* — **das Ding, die Sache**
- ¡Qué **cosas** dices!
- Du sagst **Dinge**!
- Tenemos muchas **cosas** que hacer.
- Wir haben noch viele **Sachen** zu tun.

estropearse [estropeˈarse] *v/ref* — **kaputtgehen**
- **Se ha estropeado** el teléfono.
- Das Telefon ist **kaputt gegangen**.

la llave [la ˈʎaβe] *n* — **der Schlüssel**
- Estoy buscando la **llave** del coche.
- Ich suche den Autoschlüssel.

la manta [la ˈmanta] *n* — **die Decke**
- Hace frío, necesito otra **manta**.
- Es ist kalt, ich brauche noch eine **Decke**.

la nevera [la neˈβera] *n* — **der Kühlschrank**
- La cerveza está en la **nevera**.
- Das Bier ist im **Kühlschrank**.

el papel [el paˈpɛl] *n* — **das Papier**
- Necesito **papel** para escribir una carta.
- Ich brauche **Papier**, um einen Brief zu schreiben.

roto, -a ['rroto, -a] *adj*
❯ El vaso está **roto**.

kaputt
❯ Das Glas ist **kaputt**.

sucio, -a ['suθĭo, -a] *adj*
❯ La piscina está **sucia**.

schmutzig
❯ Das Schwimmbad ist **schmutzig**.

la tarjeta [la tar'xeta] *n*
❯ He perdido la **tarjeta**.

die Karte
❯ Ich habe die **Karte** verloren.

la tele [la 'tele] *n*
❯ Nuestra **tele** no es muy grande.

der Fernseher
❯ Unser **Fernseher** ist nicht sehr groß.

Eigenschaften und Farben

cuadrado, -a
[kŭa'draðo, -a] *adj*
❯ Me gusta más la mesa **cuadrada**.

viereckig

❯ Der **viereckige** Tisch gefällt mir besser.

la forma [la 'fɔrma] *n*
❯ ¿Qué **forma** tiene la mesa, es redonda o cuadrada?

die Form
❯ Welche **Form** hat der Tisch? Rund oder viereckig?

redondo, -a
[rrɛ'ðɔndo, -a] *adj*
❯ La mesa **redonda** me gusta más.

rund

❯ Der **runde** Tisch gefällt mir besser.

amarillo, -a [ama'riʎo, -a] *adj*
❯ El coche nuevo de Pilar es **amarillo**.

gelb
❯ Pilars neues Auto ist **gelb**.

azul [a'θul] *adj m/f*
❯ Me gustan las flores **azules**.

blau
❯ Ich mag **blaue** Blumen.

blanco, -a ['blaŋko, -a] *adj*
❯ ¿Ves esa casa **blanca**?

weiß
❯ Siehst du dieses **weiße** Haus?

el color [el ko'lɔr] *n*
❯ ¿De qué **color** quiere la mesa, señora Tesedo?

die Farbe
❯ In welcher **Farbe** wollen Sie den Tisch, Frau Tesedo?

gris [gris] *adj m/f, pl **grises***
❯ Quiero comprarme un abrigo **gris**.

grau
❯ Ich will mir einen **grauen** Mantel kaufen.

negro, -a ['negro, -a] *adj*
❯ La mesa que he comprado es **negra**.

schwarz
❯ Der Tisch, den ich gekauft habe, ist **schwarz**.

rojo, -a ['rrɔxo, -a] *adj*
❯ Me gusta esta bolsa **roja**.

rot
❯ Mir gefällt diese **rote** Tüte.

verde ['bɛrðe] *adj m/f*
❯ Mi coche es **verde**.

grün
❯ Mein Auto ist **grün**.

corto, -a ['kɔrto, -a] *adj*
❯ Esta falda es demasiado **corta**.

kurz
❯ Dieser Rock ist zu **kurz**.

grande ['grande] *adj m/f*
❯ La casa no es muy **grande**.

groß
❯ Das Haus ist nicht sehr **groß**.

largo, -a ['largo, -a] *adj*
❯ Este jersey es un poco **largo**.

lang
❯ Dieser Pullover ist ein bisschen **lang**.

lento, -a ['lento, -a] *adj*	**langsam**
▸ Este tren es muy **lento**.	▸ Dieser Zug ist sehr **langsam**.
limpio, -a ['limpĭo, -a] *adj*	**sauber**
▸ El hotel es sencillo pero **limpio**.	▸ Das Hotel ist einfach, aber **sauber**.
nuevo, -a ['nŭeβo, -a] *adj*	**neu**
▸ Paquita tiene un coche **nuevo**.	▸ Paquita hat ein **neues** Auto.
pobre ['poβre] *adj m/f*	**arm**
▸ Es un país **pobre**.	▸ Das ist ein **armes** Land.
rápido, -a ['rrapiđo, -a] *adj*	**schnell**
▸ Tengo un coche muy **rápido**.	▸ Ich habe ein sehr **schnelles** Auto.
rico, -a ['rriko, -a] *adj*	**reich**
▸ No soy **rico**.	▸ Ich bin nicht **reich**.
sencillo, -a [sen'θiʎo, -a] *adj*	**einfach**
▸ Es un restaurante **sencillo** pero bueno.	▸ Es ist ein **einfaches**, aber gutes Restaurant.

ARBEIT UND FREIZEIT

Schule und Bildung

el alumno [el aˈlumno] *n*
- Hay quince **alumnos** en la clase.

der Schüler
- Es gibt in der Klasse 15 **Schüler**.

la alumna [la aˈlumna] *n*
- Mayte es la mejor **alumna**.

die Schülerin
- Mayte ist die beste **Schülerin**.

aprender [aprenˈdɛr] *v*
- Quiero **aprender** español.

lernen
- Ich will Spanisch **lernen**.

TIPP *Aprender* heißt **lernen** im Sinne von "Wissen erwerben".

el colegio [el koˈlɛxĭo] *n*
- El **colegio** empieza en septiembre.

die Schule
- Die **Schule** beginnt im September.

TIPP *Colegio* und *escuela* bedeuten beide *Schule* und können synonym verwendet werden.

escribir [eskriˈbir] *v*
- Carlos ya sabe **escribir**.

schreiben
- Carlos kann schon **schreiben**.

la escuela [la esˈkŭela] *n*
- Los niños van a la **escuela**.

die Schule
- Die Kinder gehen zur **Schule**.

el estudiante
[el estu'ðiante] *n*
> Aquí viven muchos **estudiantes**.

der Student
> Hier wohnen viele **Studenten**.

la estudiante
[la estu'ðiante] *n*
> El nuevo profesor sólo es simpático con algunas **estudiantes**.

die Studentin
> Der neue Professor ist nur zu manchen **Studentinnen** nett.

estudiar [estu'ðiar] *v*
> Hoy tengo que **estudiar**.
> Carlos **estudia** idiomas.

lernen, studieren
> Heute muss ich **lernen**.
> Carlos **studiert** Sprachen.

el profesor [el profe'sɔr] *n*
> Nuestro **profesor** es de Chile.

der Lehrer
> Unser **Lehrer** kommt aus Chile.

la profesora [la profe'sora] *n*
> Mi madre es **profesora**.

die Lehrerin
> Meine Mutter ist **Lehrerin**.

saber [sa'βɛr] *v*
> **Sé** español.

können erworbene Fähigkeit
> Ich **kann** Spanisch.

la solución [la solu'θjɔn] *n*
> No es fácil encontrar una **solución**.

die Lösung
> Es ist nicht einfach, eine **Lösung** zu finden.

Sprachen

el alemán [el ale'man] *n*
⟩ ¿Habla usted **alemán**?

Deutsch
⟩ Sprechen Sie **Deutsch**?

el catalán [el kata'lan] *n*
⟩ Habla usted **catalán**?

Katalanisch Regionalsprache
⟩ Sprechen Sie **Katalanisch**?

> **TIPP** **Katalanisch** wird im Nordosten und teils im Osten Spaniens gesprochen. Es ist neben dem Spanischen Amtssprache in Katalonien, Valencia und auf den Balearen. In Andorra ist Katalanisch alleinige Amtssprache, und es wird auch im französischen Roussillon gesprochen. Während der Franco-Dikatur war diese Sprache verboten, seit 1975 ist sie – wie auch das **Baskische** und das **Galicische** – als offizielle Regionalsprache anerkannt.

el español [el espa'ɲɔl] *n*
⟩ Usted habla bien el **español**.

Spanisch
⟩ Sie sprechen gut **Spanisch**.

el francés [el fran'θes] *n*
⟩ ¿Hay alguien aquí que hable **francés**?

Französisch
⟩ Gibt es hier jemanden, der **Französisch** spricht?

el gallego [el ga'ʎego] *n*
⟩ ¿Habla usted **gallego**?

Galicisch Regionalsprache
⟩ Sprechen Sie **Galicisch**?

> **TIPP** **Galicisch** wird im Nordwesten Spaniens gesprochen und ist in Galicien neben Spanisch als zweite Amtssprache zugelassen. Es ist sehr nah mit dem Portugiesischen verwandt.

el inglés [el iŋ'gles] *n*
> Mi padre habla **inglés** perfectamente.

Englisch
> Mein Vater spricht perfekt **Englisch**.

el italiano [el ita'ljano] *n*
> Mi hija está estudiando **italiano**.

Italienisch
> Meine Tochter lernt gerade **Italienisch**.

el portugués [el pɔrtu'ges] *n*
> ¿Tú hablas **portugués**?

Portugiesisch
> Sprichst du **Portugiesisch**?

el vasco [el 'basko] *n*
> ¿Habla usted el **vasco**?

Baskisch Regionalsprache
> Sprechen Sie **Baskisch**?

> **TIPP** **Baskisch** ist die einzige nichtromanische Sprache in Spanien, ihr Ursprung ist bis heute ungeklärt. Sie wird im Nordwesten, im Baskenland, in Teilen Navarras und im französischen Teil des Baskengebietes gesprochen. Sie ist eine der drei offiziell zugelassenen Regionalsprachen Spaniens.

Arbeit und Ausbildung

el compañero [el kɔmpa'ɲero] *n* — **der Kollege**
la compañera [la kɔmpa'ɲera] *n* — **die Kollegin**
- Mi **compañera** se ha ido de vacaciones.
- Meine **Kollegin** ist in Urlaub gefahren.

el empleado [el emple'aðo] *n* — **der Angestellte**

la empleada [la emple'aða] *n* — **die Angestellte**
- Hoy he conocido a la nueva **empleada**.
- Heute habe ich die neue **Angestellte** kennengelernt.

la fábrica [la 'faβrika] *n* — **die Fabrik**
- En esta ciudad hay muchas **fábricas**.
- In dieser Stadt gibt es viele **Fabriken**.

ganar [ga'nar] *v* — **verdienen**
- ¿Cuánto **ganas** al mes?
- Wie viel **verdienst** du im Monat?

gastar [gas'tar] *v* — **ausgeben**
- Pedro **gasta** todo el dinero que gana.
- Pedro **gibt** das ganze Geld **aus**, das er verdient.

la industria [la in'dustɾia] *n* — **die Industrie**
- En esta región hay mucha **industria**.
- In dieser Region gibt es viel **Industrie**.

el jefe [el 'xefe] *n* — **der Chef**
- ¿A qué hora viene el **jefe**?
- Um wie viel Uhr kommt der **Chef**?

la jefa [la 'xefa] *n* — **die Chefin**

el obrero [el oˈbrero] *n*	**der Arbeiter**
❯ Soy **obrero**.	❯ Ich bin **Arbeiter**.
la obrera [la oˈbrera] *n*	**die Arbeiterin**
la oficina [la ofiˈθina] *n*	**das Büro**
❯ La **oficina** está cerrada.	❯ Das **Büro** ist geschlossen.
el taller [el taˈʎɛr] *n*	**die Werkstatt**
❯ Hemos llevado el coche al **taller**.	❯ Wir haben das Auto in die **Werkstatt** gebracht.
el trabajo [el traˈbaxo] *n*	**die Arbeit**
❯ Es un **trabajo** muy interesante.	❯ Das ist eine sehr interessante **Arbeit**.
trabajar [trabaˈxar] *v*	**arbeiten**
❯ ¿No **trabajas** hoy?	❯ **Arbeitest** du heute nicht?

Feste und Feiertage

el Año Nuevo [el ˈaɲo ˈnŭeβo] *n*	**das Neujahr**
❯ ¡Feliz **Año Nuevo**!	❯ Prosit **Neujahr**!
la Ascensión [la asθenˈsĭon] *n*	**Himmelfahrt**
❯ Hoy es la **Ascensión**.	❯ Heute ist **Himmelfahrt**.
el cumpleaños [el kumpleˈaɲos] *n*	**der Geburtstag**
❯ ¡Feliz **cumpleaños**!	❯ Alles Gute zum **Geburtstag**!

Feste und Feiertage

el día del Corpus Christi [el 'dia del 'korpus 'kristi] *n* — **Fronleichnam**
- Mañana es **día del Corpus Christi**.
- Morgen ist **Fronleichnam**.

el día de Todos los Santos [el 'dia ðe 'toðos los 'santos] *n* — **Allerheiligen**
- El **día de Todos los Santos** comemos en casa de mi madre.
- An **Allerheiligen** essen wir bei meiner Mutter.

la Navidad [la naβi'ða(ð)] *n* — **Weihnachten**
- ¡Feliz **Navidad**!
- Frohe **Weihnachten**!

la Nochevieja [la notʃe'bjɛxa] *n* — **Silvester**
- En **Nochevieja**, los españoles tomamos las doce uvas.
- Wir Spanier essen an **Silvester** zwölf Trauben.

la Nochebuena [la notʃe'bŭena] *n* — **der Heiligabend**
- En **Nochebuena** cenamos en casa de mi hermana.
- Am **Heiligabend** essen wir bei meiner Schwester.

la Pascua [la 'paskŭa] *n* — **Ostern**
- En **Pascua** nos vamos a París.
- Über **Ostern** fahren wir nach Paris.

> **TIPP** Die Pluralform *las Pascuas* bezieht sich auch auf Weihnachten. So bedeutet *¡Felices Pascuas!* im Dezember nicht etwa **Frohe Ostern**, sondern **Frohe Weihnachten**.

el Pentecostés [el pentekos'tes] *n* — **Pfingsten**
- Este año me quedo en casa en **Pentecostés**.
- Dieses Jahr bleibe ich über **Pfingsten** zu Hause.

la Semana Santa
[la se'mana 'santa] *n*
› ¿Qué hacéis en **Semana Santa**?

Karwoche
› Was macht ihr in der **Karwoche**?

el Viernes Santo
[el 'bi̯ɛrnes 'santo] *n*
› El **Viernes Santo** es festivo en España.

der Karfreitag
› **Karfreitag** ist ein Feiertag in Spanien.

Hobbys und Interessen

cantar [kan'tar] *v*
› Pepe **canta** y toca la guitarra.

singen
› Pepe **singt** und spielt Gitarre.

el disco compacto [el 'disko kɔm'pakto] *n*
› Tengo un nuevo **disco compacto**.

die CD
› Ich habe eine neue **CD**.

TIPP Im Spanischen wird sehr häufig die Abkürzung *el CD* benutzt.

el cine [el 'θine] *n*
› ¿Vamos al **cine** o al teatro?

das Kino
› Gehen wir ins **Kino** oder ins Theater?

el concierto [el kon'θi̯ɛrto] *n*
› Los domingos hay **conciertos** en la plaza.

das Konzert
› Sonntags gibt es **Konzerte** auf dem Platz.

la exposición
[la e(ɣ)sposi'θi̯on] *n*
› ¿Has visitado ya la **exposición**?

die Ausstellung
› Hast du die **Ausstellung** schon besucht?

Hobbys und Interessen

leer [le'ɛr] v	**lesen**
› Quiero **leer** este libro.	› Ich möchte dieses Buch **lesen**.
el libro [el 'libro] n	**das Buch**
› Ayer compré dos **libros**.	› Gestern habe ich zwei **Bücher** gekauft.
llevarse [ʎe'barse] v/ref	**mitnehmen**
› **Me llevo** este libro, me gusta mucho.	› Ich **nehme** dieses Buch **mit**, es gefällt mir sehr.
la música [la 'musika] n	**die Musik**
› Esta **música** no me gusta mucho.	› Diese **Musik** gefällt mir nicht besonders.
el teatro [el te'atro] n	**das Theater**
› El **teatro** está cerrado en verano.	› Das **Theater** ist im Sommer geschlossen.
tocar [to'kar] v	**spielen** Instrument
› ¿Sabes **tocar** la guitarra?	› Kannst du Gitarre **spielen**?

TIPP *Tocar* im Sinne von **ein Instrument spielen** wird immer in Verbindung mit dem bestimmten Artikel gebraucht.

Freizeit und Sport

bailar [bai̯'lar] *v* ⟩ Los sábados solemos ir a **bailar**.	**tanzen** ⟩ Samstags gehen wir normalerweise **tanzen**.
bañarse [ba'ɲarse] *v/ref* ⟩ **Me he bañado** en el mar.	**baden** ⟩ Ich **habe** im Meer **gebadet**.
el bar [el bar] *n* ⟩ El **bar** donde desayuno está a doscientos metros de aquí.	**die Kneipe** ⟩ Die **Kneipe**, wo ich frühstücke, ist zweihundert Meter von hier entfernt.
la bicicleta [la biθi'kleta] *n* ⟩ ¿Salimos en **bicicleta** el domingo?	**das Fahrrad** ⟩ Wollen wir am Sonntag **Fahrrad** fahren?
el café [el ka'fe] *n* ⟩ Podemos comer algo en el **café**.	**das Café** ⟩ Wir können in dem **Café** etwas essen.
la cafetería [la kafete'ria] *n* ⟩ Podemos comer algo en la **cafetería**.	**die Cafeteria** ⟩ Wir können in der **Cafeteria** etwas essen.
descansar [deskan'sar] *v* ⟩ Tengo que **descansar** un poco.	**ausruhen, sich ausruhen** ⟩ Ich muss **mich** ein bisschen **ausruhen**.
el deporte [el de'pɔrte] *n* ⟩ El fútbol es un **deporte** que me gusta mucho.	**der Sport** ⟩ Fußball ist ein **Sport**, der mir besonders gefällt.

practicar deporte
[prakti'kar de'pɔrte] *phrase*
- ¿**Practicas** mucho **deporte**?

Sport treiben
- **Treibst** du viel **Sport**?

encontrarse
[eŋkɔn'trarse] *v/ref*
- A las cinco **nos encontramos** con Marta.

sich treffen
- Um fünf **treffen** wir **uns** mit Marta.

el fútbol [el 'fuðbol] *n*
- A mí me gusta mucho el **fútbol**.

der Fußball
- Ich mag **Fußball** sehr gern.

ir a tomar algo
[ir a to'mar 'algo] *phrase*
- ¿Quieres **ir a tomar** un café?

etw. trinken gehen
- Möchtest du einen Kaffee **trinken gehen**?

jugar [xu'gar] *v*
- Los niños han dejado de **jugar**.

spielen
- Die Kinder haben aufgehört zu **spielen**.

jugar a [xu'gar a]
v + bestimmter art
- **Hemos jugado al** tenis.

spielen Sportart
- Wir **haben** Tennis **gespielt**.

> **TIPP** Die Verbindung *jugar a* + bestimmter Artikel wird gebraucht, wenn es um Spiele und Sport geht.

libre ['libre] *adj m/f*
- El miércoles es mi día **libre**.

frei
- Der Mittwoch ist mein **freier** Tag.

nadar [na'ðar] *v*
- Deberías aprender a **nadar**.

schwimmen
- Du solltest **schwimmen** lernen.

el paseo [el pa'seo] *n*	**der Spaziergang**
❱ No me gustan mucho los **paseos**.	❱ **Spaziergänge** mag ich nicht besonders.
dar un paseo [dar un pa'seo] *v*	**einen Spaziergang machen**
❱ El domingo queremos **dar un paseo**.	❱ Am Sonntag wollen wir **einen Spaziergang machen**.
la pelota [la pe'lota] *n*	**der Ball**
❱ He encontrado una **pelota** en la calle.	❱ Ich habe einen **Ball** auf der Straße gefunden.
pescar [pes'kar] *v*	**angeln**
❱ ¿Se puede **pescar** en este lago?	❱ Darf man an diesem See **angeln**?
la piscina [la pis'θina] *n*	**das Schwimmbad**
❱ Hoy no hay nadie en la **piscina**.	❱ Heute ist niemand im **Schwimmbad**.
salir [sa'lir] *v*	**ausgehen**
❱ Eva **ha salido** con sus amigos.	❱ Eva **ist** mit ihren Freunden **ausgegangen**.
el tenis [el 'tenis] *n*	**das Tennis**
❱ Me gusta mucho jugar al **tenis**.	❱ Ich spiele sehr gern **Tennis**.

Urlaub und Reisen

el camping [el 'kampiŋ] *n,* *pl los campings*
- El **camping** está completo.

der Campingplatz
- Der **Campingplatz** ist belegt.

completo, -a [kɔm'pleto, -a] *adj*
- El vuelo está **completo**.
- El hotel está **completo**.

ausgebucht, belegt
- Der Flug ist **ausgebucht**.
- Das Hotel ist **belegt**.

la foto [la 'foto] *n*
- ¿Quieres ver las **fotos** de nuestro viaje a España?

das Foto
- Willst du die **Fotos** von unserer Spanienreise sehen?

la habitación doble [la aβita'θjɔn 'dɔble] *n*
- Necesitamos dos **habitaciones dobles**.

das Doppelzimmer
- Wir brauchen zwei **Doppelzimmer**.

la habitación individual [la aβita'θjɔn indibi'ðual] *n*
- La **habitación individual** cuesta sesenta euros.

das Einzelzimmer
- Das **Einzelzimmer** kostet sechzig Euro.

el hotel [el o'tɛl] *n*
- He reservado el **hotel**.

das Hotel
- Ich habe das **Hotel** reserviert.

la isla [la 'isla] *n*
- En las vacaciones siempre vamos a alguna **isla**.

die Insel
- In den Ferien fahren wir immer auf irgendeine **Insel**.

la maleta [la ma'leta] *n*
⟩ ¿Dónde está mi **maleta**?

der Koffer
⟩ Wo ist mein **Koffer**?

hacer la maleta
[a'θɛr la ma'leta] *phrase*
⟩ Patricia, ¿**has hecho** ya **tu maleta**?

Koffer packen
⟩ Patricia, **hast** du deinen **Koffer** schon **gepackt**?

el mapa [el 'mapa] *n*
⟩ ¿Tiene un **mapa** de esta región?

die Karte, die Landkarte
⟩ Haben Sie eine **Karte** von dieser Region?

la media pensión
[la 'meðia pen'sĭon] *n*
⟩ Hemos pagado ochenta euros por la **media pensión**.

die Halbpension
⟩ Wir haben achtzig Euro für die **Halbpension** bezahlt.

la pensión completa
[la pen'sĭoŋ kɔm'pleta] *n*
⟩ Tenemos un hotel con **pensión completa**.

die Vollpension
⟩ Wir haben ein Hotel mit **Vollpension**.

la playa [la 'plaĭa] *n*
⟩ La **playa** está a dos kilómetros.

der Strand
⟩ Der **Strand** ist zwei Kilometer entfernt.

reservar [rrɛsɛr'bar] *v*
⟩ ¿Queréis que **reserve** una mesa?

reservieren
⟩ Wollt ihr, dass ich einen Tisch **reserviere**?

tomar el sol
[to'mar el sɔl] *phrase*
⟩ **Hemos tomado el sol** en la playa.

sich sonnen
⟩ Wir haben **uns** am Strand **gesonnt**.

Urlaub und Reisen

la tarjeta postal — **die Postkarte**
[la tar'xeta pos'tal] *n oft abgekürzt zu la postal*
- Le voy a mandar una **tarjeta postal** desde Valencia.
- Ich werde Ihnen eine **Postkarte** aus Valencia schicken.

las vacaciones — **die Ferien, der Urlaub**
[las baka'θiones] *n*
- Ya han empezado las **vacaciones**.
- Die **Ferien** haben schon begonnen.
- El año pasado estuvimos de **vacaciones** en Francia.
- Letztes Jahr waren wir in Frankreich im **Urlaub**.

ir de vacaciones — **in Urlaub fahren**
[ir de baka'θiones] *phrase*
- Mis padres siempre **van de vacaciones** a Francia.
- Meine Eltern **fahren** immer nach Frankreich **in Urlaub**.

el viaje [el 'biaxe] *n* — **die Reise**
- Este año vamos a hacer un largo **viaje**.
- Dieses Jahr werden wir eine lange **Reise** machen.

viajar [bia'xar] *v* — **reisen**
- Mis padres **viajan** mucho.
- Meine Eltern **reisen** viel.

visitar [bisi'tar] *v* — **besichtigen**
- Hoy **hemos visitado** un museo interesantísimo.
- Heute **haben** wir ein sehr interessantes Museum **besichtigt**.

ÖFFENTLICHES LEBEN

Einkaufen

abrir [a'brir] *v*	**öffnen**
⟩ ¿A qué hora **abren**?	⟩ Um wie viel Uhr **öffnen** sie?

por aquí [pɔr a'ki] *phrase*	**hier in der Nähe**
⟩ **Por aquí** hay muchas tiendas.	⟩ **Hier in der Nähe** gibt es viele Geschäfte.

barato, -a [ba'rato, -a] *adj*	**billig, günstig**
⟩ Estos libros son muy **baratos**.	⟩ Diese Bücher sind sehr **billig**.
⟩ Este abrigo está muy **barato**.	⟩ Diese Jacke ist sehr **günstig**.

TIPP Normalerweise bedeutet *barato* im Zusammenhang mit *ser* eher **billig**, mit *estar* meistens **günstig**.

la bolsa [la 'bɔlsa] *n*	**die Tasche, die Tüte**
⟩ Necesito una **bolsa** de viaje.	⟩ Ich brauche eine Reise**tasche**.
⟩ ¿Me puedes dar una **bolsa** para el pan?	⟩ Kannst du mir eine **Tüte** für das Brot geben?

la caja [la 'kaxa] *n*	**die Kasse**
⟩ Pague usted en la **caja**, por favor.	⟩ Zahlen Sie bitte an der **Kasse**.

cambiar [kam'bĭar] *v*	**umtauschen**
▶ Quiero **cambiar** la camiseta.	▶ Ich möchte das T-Shirt **umtauschen**.
la carnicería [la 'karniθe'ria] *n*	**die Metzgerei**
▶ Perdón, ¿sabe usted si hay una **carnicería** por aquí?	▶ Entschuldigung, wissen Sie, ob es hier in der Nähe eine **Metzgerei** gibt?
caro, -a ['karo, -a] *adj*	**teuer**
▶ Estas gafas son muy **caras**.	▶ Diese Brille ist sehr **teuer**.
cerrar [θɛ'rrar] *v*	**schließen**
▶ Las tiendas **cierran** a las ocho.	▶ Die Geschäfte **schließen** um acht.
comprar [kɔm'prar] *v*	**kaufen**
▶ Voy a **comprar** algo para comer.	▶ Ich gehe etwas zu essen **kaufen**.
costar [kɔs'tar] *v*	**kosten**
▶ ¿Cuanto **cuestan** estas gafas?	▶ Wie viel **kostet** diese Brille?
el dinero [el di'nero] *n*	**das Geld**
▶ ¿Necesitas **dinero**?	▶ Brauchst du **Geld**?
el euro [el 'eŭro] *n*	**der Euro**
▶ Este jersey cuesta cincuenta **euros**.	▶ Dieser Pullover kostet fünfzig **Euro**.
la frutería [la frute'ria] *n*	**das Obst- und Gemüsegeschäft**
▶ La **frutería** abre a las nueve.	▶ Das **Obst- und Gemüsegeschäft** öffnet um neun.

junto ['xunto] *adv* ▶ Pago todo **junto**.	**zusammen** ▶ Ich bezahle alles **zusammen**.
el mercado [el mɛr'kaðo] *n* ▶ En el **mercado** también venden flores.	**der Markt** ▶ Auf dem **Markt** verkaufen sie auch Blumen.
el supermercado [el supɛrmɛr'kaðo] *n* ▶ El **supermercado** cierra a la una.	**der Supermarkt** ▶ Der **Supermarkt** schließt um eins.
pagar [pa'gar] *v* ▶ Hoy **pago** yo.	**bezahlen** ▶ Heute **bezahle** ich.
la panadería [la panaðe'ria] *n* ▶ La **panadería** ya está cerrada.	**die Bäckerei** ▶ Die **Bäckerei** ist schon geschlossen.
la peluquería [la peluke'ria] *n* ▶ Estoy buscando una **peluquería**.	**das Friseurgeschäft** ▶ Ich suche ein **Friseurgeschäft**.
el precio [el 'preθĭo] *n* ▶ ¿Has visto el **precio** de este coche?	**der Preis** ▶ Hast du den **Preis** dieses Autos gesehen?
la tienda [la 'tĭenda] *n* ▶ En esta calle hay muchas **tiendas**.	**das Geschäft** ▶ In dieser Straße gibt es viele **Geschäfte**.
vender [ben'dɛr] *v* ▶ Voy a **vender** mi coche.	**verkaufen** ▶ Ich werde mein Auto **verkaufen**.

Gebäude und Sehenswürdigkeiten

el castillo [el kas'tiʎo] *n*
❯ Hoy visitamos el **castillo**.

❯ Este **castillo** es muy antiguo.

die Burg, das Schloss
❯ Heute besichtigen wir die **Burg**.
❯ Dieses **Schloss** ist sehr alt.

la entrada [la en'traða] *n*
❯ Esta es la puerta de **entrada**.

der Eingang
❯ Das ist die **Eingang**stür.

la iglesia [la i'glesĭa] *n*
❯ La **iglesia** está cerrada.

die Kirche
❯ Die **Kirche** ist geschlossen.

ir [ir] *v*
❯ **Voy** al museo.

gehen
❯ Ich **gehe** ins Museum.

el museo [el mu'seo] *n*
❯ El **museo** está en el centro de la ciudad.

das Museum
❯ Das **Museum** ist im Stadtzentrum.

el parque [el 'parke] *n*
❯ Nos hemos encontrado en el **parque**.

der Park
❯ Wir haben uns im **Park** getroffen.

la plaza [la 'plaθa] *n*
❯ En el centro hay una **plaza** grande.

der Platz
❯ Im Zentrum ist ein großer **Platz**.

el puente [el 'pŭente] *n*
❯ Este **puente** es nuevo.

die Brücke
❯ Diese **Brücke** ist neu.

el puerto [el ˈpŭɛrto] *n*	**der Hafen**
❯ El autobús va hasta el **puerto**.	❯ Der Bus fährt bis zum **Hafen**.
la salida [la saˈliđa] *n*	**der Ausgang**
❯ Estamos buscando la **salida**.	❯ Wir suchen den **Ausgang**.

Auf der Straße und zu Fuß

el accidente [el akθiˈđente] *n*	**der Unfall**
❯ Mis padres han tenido un **accidente** con el coche.	❯ Meine Eltern hatten einen **Unfall** mit dem Auto.
el aceite [el aˈθeĭte] *n*	**das Öl**
❯ Tengo que cambiar el **aceite** del coche.	❯ Ich muss einen **Öl**wechsel machen.
aparcar [aparˈkar] *v*	**parken**
❯ Aquí no se puede **aparcar**.	❯ Hier kann man nicht **parken**.
la autopista [la aŭtoˈpista] *n*	**die Autobahn**
❯ La nueva **autopista** ha costado mucho dinero.	❯ Die neue **Autobahn** hat viel Geld gekostet.
la calle [la ˈkaʎe] *n*	**die Straße**
❯ Es una **calle** muy tranquila.	❯ Das ist eine sehr ruhige **Straße**.
la carretera [la karreˈtera] *n*	**die Landstraße, die Straße**
❯ No he encontrado la **carretera** a Granada.	❯ Ich habe die **Landstraße** nach Granada nicht gefunden.

el centro [el 'θentro] *n*	**das Zentrum**
❱ En el **centro** no se puede aparcar.	❱ Im **Zentrum** kann man nicht parken.
el coche [el 'kotʃe] *n*	**das Auto**
❱ El **coche** tiene cuatro puertas.	❱ Das **Auto** hat vier Türen.
conducir [kɔndu'θir] *v*	**fahren**
❱ ¿Ya sabes **conducir**?	❱ Kannst du schon **fahren**?
la estación de servicio [la esta'θiɔn de sɛr'biθiɔ] *n*	**die Tankstelle**
❱ La **estación de servicio** está cerrada.	❱ Die **Tankstelle** ist geschlossen.
ir [ir] *v*	**fahren**
❱ Marta siempre **va** al trabajo en coche.	❱ Marta **fährt** immer mit dem Auto zur Arbeit.

TIPP Wenn man ein Verkehrsmittel nimmt, benutzt man immer *ir en*. Lediglich das **Fahren** im Sinne von **Lenken** bzw. **Ein Fahrzeug führen** wird mit *conducir* übersetzt.

irse ['irse] *v/ref*	**wegfahren, weggehen**
❱ Tengo que **irme**, adiós.	❱ Ich muss **weggehen**, auf Wiedersehen.
ir a pie [ir a pie] *phrase*	**zu Fuß gehen**
❱ ¿Por qué no **vamos a pie**?	❱ Warum **gehen** wir nicht **zu Fuß**?
parar [pa'rar] *v*	**anhalten**
❱ El autobús no **para** aquí.	❱ Der Bus **hält** hier nicht.

pasar por [pa'sar pɔr] *v*	**vorbeikommen bei**
❯ ¿Quieres **pasar por** mi casa?	❯ Möchtest du **bei** mir **vorbeikommen**?
pasar por [pa'sar pɔr] *v*	**fahren durch**
❯ El coche **pasa por** Madrid.	❯ Das Auto **fährt durch** Madrid.
salir [sa'lir] *v*	**hinausgehen**
❯ Cuando hace frío, no me gusta **salir**.	❯ Wenn es kalt ist, **gehe** ich nicht gern **hinaus**.
el semáforo [el se'maforo] *n*	**die Ampel**
❯ ¿Ve el **semáforo**? Allí está el museo.	❯ Sehen Sie die **Ampel**? Dort ist das Museum.
el sitio [el 'sitĭo] *n*	**der Platz**
❯ ¿Has encontrado un **sitio** para nosotros?	❯ Hast du einen **Platz** für uns gefunden?
el taxi [el 'tagsi] *n*	**das Taxi**
❯ ¿Por qué no tomamos un **taxi**?	❯ Warum nehmen wir nicht ein **Taxi**?
el tráfico [el 'trafiko] *n*	**der Verkehr**
❯ Aquí siempre hay mucho **tráfico**.	❯ Hier ist immer viel **Verkehr**.

Flugzeug, Bahn und Nahverkehr

el aeropuerto [el aero'pŭɛrto] *n* — **der Flughafen**
- ¿Le llevo en mi coche al **aeropuerto**?
- Soll ich Sie mit meinem Auto zum **Flughafen** bringen?

el autobús [el aŭto'bus] *n* — **der Autobus, der Bus**
- Vamos en **autobús**, ¿no?
- Wir fahren mit dem **Bus**, oder?

el avión [el a'bĭɔn] *n* — **das Flugzeug**
- Tomaremos el **avión**.
- Wir werden das **Flugzeug** nehmen.

bajar [ba'xar] *v* — **aussteigen**
- **Baje** usted en la próxima parada.
- **Steigen** Sie an der nächsten Haltestelle **aus**.

el billete [el bi'ʎete] *n* — **die Fahrkarte, das Flugticket**
- Todavía no hemos comprado los **billetes** de tren.
- Wir haben die Zug**fahrkarten** noch nicht gekauft.
- El **billete** es muy caro.
- Das **Flugticket** ist sehr teuer.

cambiar [kam'bĭar] *v* — **umsteigen**
- Vamos en autobús, así no necesitamos **cambiar**.
- Wir fahren mit dem Bus, dann brauchen wir nicht **umzusteigen**.

la estación [la esta'θĭɔn] *n* — **der Bahnhof**
- ¿Me lleva a la **estación**?
- Bringen Sie mich zum **Bahnhof**?

ir en tren [ir en tren] *phrase*
⟩ Me gusta **ir en tren**.

mit dem Zug fahren
⟩ Ich **fahre** gern **mit dem Zug**.

> **TIPP** *Ir en* wird immer in Zusammenhang mit Transportmitteln verwendet (*ir en coche, ir en autobús*) und bedeutet somit meistens **fahren/fliegen**, während *ir a pie* angibt, dass (zu Fuß) gegangen wird.

la llegada [la ʎe'gaða] *n*
⟩ ¿Sabes ya la hora de **llegada**?

die Ankunft
⟩ Weißt du schon die **Ankunft**zeit?

llegar [ʎe'gar] *v*
⟩ El tren no **ha llegado** todavía.

ankommen
⟩ Der Zug **ist** noch nicht **angekommen**.

el metro [el 'metro] *n*
⟩ Voy en **metro** al trabajo.

die U-Bahn
⟩ Ich fahre mit der **U-Bahn** zur Arbeit.

la parada [la pa'raða] *n*
⟩ Estamos buscando la **parada**.

die Haltestelle
⟩ Wir suchen die **Haltestelle**.

pasar por [pa'sar pɔr] *v*
⟩ El avión **pasa por** Ibiza.

fliegen über
⟩ Das Flugzeug **fliegt über** Ibiza.

perder [pɛr'ðɛr] *v*
⟩ Vamos a **perder** el avión.

verpassen
⟩ Wir werden das Flugzeug **verpassen**.

la salida [la sa'liða] *n*
⟩ La **salida** es a las once.

die Abfahrt, der Abflug
⟩ **Abfahrt** ist um elf Uhr.

salir [sa'lir] *v*
> El tren **sale** a las siete.

> El avión **sale** a las siete.

abfahren, abfliegen
> Der Zug **fährt** um sieben Uhr **ab.**

> Das Flugzeug **fliegt** um sieben Uhr **ab.**

subir [su'bir] *v*
> **He subido** en la primera parada.

einsteigen
> Ich **bin** an der ersten Haltestelle **eingestiegen**.

el tren [el tren] *n*
> El **tren** sale a la una.

der Zug
> Der **Zug** fährt um eins.

volar [bo'lar] *v*
> Me gusta más ir en tren que **volar**.

fliegen
> Ich mag Zug fahren lieber als **fliegen**.

Öffentlicher und privater Service

el Ayuntamiento [el aĭunta'mĭento] *n*
> El **Ayuntamiento** quiere construir un nuevo parking.

die Stadtverwaltung
> Die **Stadtverwaltung** möchte ein neues Parkhaus bauen.

el banco [el 'baŋko] *n*
> Busco un **banco** para cambiar dinero.

die Bank
> Ich suche eine **Bank**, um Geld zu wechseln.

la biblioteca [la biblĭo'teka] *n*
> Seguro que encuentras ese libro en la **biblioteca**.

die Bibliothek
> Du findest dieses Buch bestimmt in der **Bibliothek**.

Öffentlicher und privater Service

caballeros [kaβa'ʎeros] *n m pl*	**Herren**

> **TIPP** An den Toilettentüren der spanischen Cafés, Restaurants etc. steht für **Herren** in der Regel *Caballeros*.

cambiar [kam'bĭar] *v* — **wechseln**
> ❱ Tenemos que **cambiar** dinero.
> ❱ Wir müssen Geld **wechseln**.

la tarjeta de cuenta [la tar'xeta ðe 'kŭenta] *n* — **die Scheckkarte**
> ❱ ¿Puedo también pagar con **tarjeta de cuenta**?
> ❱ Darf ich auch mit **Scheckkarte** zahlen?

el consulado [el kɔnsu'laðo] *n* — **das Konsulat**
> ❱ Este no es el **consulado**.
> ❱ Das ist nicht das **Konsulat**.

la oficina de correos [la ofi'θina ðe kɔ'rrɛɔs] *n auch als correos* — **die Post, das Postamt**
> ❱ Voy a **correos**.
> ❱ Ich gehe zur **Post**.
> ❱ La **oficina de correos** ya está cerrada.
> ❱ Das **Postamt** ist schon geschlossen.

la embajada [la emba'xaða] *n* — **die Botschaft**
> ❱ Buscamos la **embajada** alemana.
> ❱ Wir suchen die deutsche **Botschaft**.

la firma [la 'firma] *n* — **die Unterschrift**
> ❱ La carta ha llegado sin **firma**.
> ❱ Der Brief kam ohne **Unterschrift**.

el gobierno [el go'βi̯ɛrno] *n*
❯ Desde hace dos meses tenemos un nuevo **gobierno**.

die Regierung
❯ Seit zwei Monaten haben wir eine neue **Regierung**.

---

el impreso [el im'preso] *n*
❯ Tenemos que rellenar el **impreso**.

das Formular
❯ Bitte füllen Sie das **Formular** aus.

---

rellenar [rrɛʎe'nar] *v*
❯ Por favor, **rellene** este impreso.

ausfüllen
❯ Bitte **füllen** Sie dieses Formular **aus**.

---

la oficina de turismo
[la ofi'θina đe tu'rismo] *n*
❯ Preguntemos en la **oficina de turismo**.

das Fremdenverkehrsamt
❯ Lass uns beim **Fremdenverkehrsamt** fragen.

---

la policía [la poli'θia] *n*
❯ Ya hemos hablado con la **policía**.

die Polizei
❯ Wir haben schon mit der **Polizei** gesprochen.

---

el seguro [el se'guro] *n*
❯ Pago el **seguro** del coche cada seis meses.

die Versicherung
❯ Ich zahle meine Auto**versicherung** halbjährlich.

---

la tarjeta de crédito
[la tar'xeta đe 'kređito] *n*
❯ Aquí tiene mi **tarjeta de crédito**.

die Kreditkarte
❯ Hier ist meine **Kreditkarte**.

ESSEN UND TRINKEN

Nahrungsmittel und Obst

el aceite [el a'θɛite] *n* — **das Öl**
› El **aceite** está en la cocina. — › Das **Öl** steht in der Küche.

la aceituna [la aθɛi'tuna] *n* — **die Olive**
› ¿Te gustan las **aceitunas**? — › Magst du **Oliven**?

el ajo [el 'axo] *n* — **der Knoblauch**
› El **ajo** es muy sano. — › **Knoblauch** ist sehr gesund.

el arroz [el a'rrɔθ] *n* — **der Reis**
› El plato del día es **arroz** con pollo. — › Das Tagesgericht ist **Reis** mit Hühnchen.

el atún [el a'tun] *n* — **der Thunfisch**
› Hoy hemos comido un **atún** buenísimo. — › Heute haben wir einen hervorragenden **Thunfisch** gegessen.

el azúcar [el a'θukar] *n* — **der Zucker**
› Tomo el café con mucho **azúcar**. — › Ich trinke den Kaffee mit viel **Zucker**.

el bocadillo [el boka'ðiʎo] *n* — **das belegte Brötchen**
› ¿Quieres un **bocadillo** de jamón? — › Willst du ein Schinken**brötchen**?

Nahrungsmittel und Obst

la carne [la 'karne] *n* — **das Fleisch**
› Yo no como mucha **carne**. — › Ich esse nicht viel **Fleisch**.

el chocolate [el tʃoko'late] *n* — **die Schokolade**
› Sólo como **chocolate** los fines de semana. — › Ich esse nur am Wochenende **Schokolade**.

dulce ['dulθe] *adj m/f* — **süß**
› Estas manzanas estan muy **dulces**. — › Diese Äpfel sind sehr **süß**.

la ensalada [la ensa'laða] *n* — **der Salat**
› ¿Quiere usted una **ensalada**? — › Möchten Sie einen **Salat**?

TIPP Aufgepasst: *ensalada* bezieht sich nicht auf den Kopfsalat, sondern nur auf das fertige Gericht.

la gamba [la 'gamba] *n* — **die Garnele**
› No me gustan las **gambas**. — › Ich mag keine **Garnelen**.

el helado [el e'laðo] *n* — **das Eis**
› ¿Quieres un **helado**? — › Willst du ein **Eis**?

el jamón [el xa'mɔn] *n* — **der Schinken**
› Me gusta mucho este **jamón**. — › Dieser **Schinken** schmeckt mir sehr gut.

la mantequilla [la mante'kiʎa] *n* — **die Butter**
› No olvides la **mantequilla**. — › Vergiss die **Butter** nicht.

la merluza [la mɛr'luθa] *n* — **der Seehecht**
› Yo tomo la **merluza** y una ensalada. — › Ich nehme den **Seehecht** und einen Salat.

el pan [el pan] *n*
- Voy a comprar **pan**.

das Brot
- Ich gehe **Brot** kaufen.

la patata [la pa'tata] *n*
- Hoy hay pollo con **patatas**.

die Kartoffel
- Heute gibt's Hähnchen mit **Kartoffeln**.

el pescado [el pes'kaðo] *n*
- Me gusta más el **pescado** que la carne.

der Fisch
- Ich mag **Fisch** lieber als Fleisch.

la pimienta [la pi'mjenta] *n*
- Falta echarle sal y **pimienta**.

der Pfeffer
- Man muss noch Salz und **Pfeffer** dazugeben.

el pollo [el 'poʎo] *n*
- Yo tomo el **pollo** y un vaso de vino.

das Hähnchen
- Ich nehme das **Hähnchen** und ein Glas Wein.

el queso [el 'keso] *n*
- Tenemos un **queso** buenísimo.

der Käse
- Wir haben einen hervorragenden **Käse**.

la sal [la sal] *n*
- ¿Me da la **sal**, por favor?

das Salz
- Geben Sie mir bitte das **Salz**?

la sardina [la sar'ðina] *n*
- Me gustan mucho las **sardinas**.

die Sardine
- Mir schmecken **Sardinen** besonders gut.

el tomate [el to'mate] *n*
- Para este plato necesito un kilo de **tomates**.

die Tomate
- Für dieses Gericht brauche ich ein Kilo **Tomaten**.

la tortilla [la tɔrˈtiʎa] *n*	**das Omelett**

> **TIPP** Unter *tortilla* versteht man in Spanien und in Südamerika durchaus verschiedene Gerichte. In Spanien ist eine *tortilla* oder *tortilla española* eine Art Kartoffelomelett. In Lateinamerika hingegen ist eine *tortilla* eine Art Mais- oder Weizenfladen.

la verdura [la ɓerˈðura] *n*	**das Gemüse**
❯ He comprado la **verdura** en el mercado.	❯ Ich habe das **Gemüse** auf dem Markt gekauft.
el vinagre [el ɓiˈnagre] *n*	**der Essig**
❯ La ensalada no tiene **vinagre**.	❯ Im Salat ist kein **Essig**.
la zanahoria [la θanaˈoria] *n*	**die Karotte**
❯ He comprado una libra de **zanahorias** en el mercado.	❯ Ich habe ein Pfund **Karotten** auf dem Markt gekauft.
la pera [la ˈpera] *n*	**die Birne**
❯ Tenemos **peras**, manzanas y limones.	❯ Wir haben **Birnen**, Äpfel und Zitronen.
la fresa [la ˈfresa] *n*	**die Erdbeere**
❯ En esta región hay muchas **fresas**.	❯ In dieser Gegend gibt es viele **Erdbeeren**.
la fruta [la ˈfruta] *n*	**das Obst**
❯ De postre hay **fruta**.	❯ Als Nachtisch gibt es **Obst**.
el limón [el liˈmɔn] *n*	**die Zitrone**
❯ No me quedan **limones**.	❯ Ich habe keine **Zitronen** mehr.

la manzana [la manˈθana] *n*
› Estas **manzanas** no me gustan.

der Apfel
› Diese **Äpfel** schmecken mir nicht.

el melocotón [el melokoˈton] *n*
› He comprado un kilo de **melocotones**.

der Pfirsich
› Ich habe ein Kilo **Pfirsiche** gekauft.

la naranja [la naˈraŋxa] *n*
› Dame una **naranja**, por favor.

die Orange
› Gib mir bitte eine **Orange**.

el plátano [el ˈplatano] *n*
› Si quieres fruta, aún quedan **plátanos**.

die Banane
› Wenn du Obst willst, es gibt noch **Bananen**.

la uva [la ˈuba] *n*
› Este año tenemos tantas **uvas** que podemos hacer vino.

die Traube
› Dieses Jahr haben wir so viele **Trauben**, dass wir Wein machen können.

Getränke

el agua mineral [el ˈaɣŭa mineˈral] *n*
› ¡No olvides el **agua mineral**!

das Mineralwasser
› Vergiss das **Mineralwasser** nicht!

> **TIPP** Vor femininen Substantiven, die mit einem betonten *a-* oder *ha-* (z. B. *hambre* – Hunger) beginnen, steht im Singular der Artikel *el* oder *un*. Diese Wörter bleiben aber feminin, wie man z. B. am Genus der Adjektive erkennt: *el agua fría*.

la botella [la βo'teʎa] *n*	**die Flasche**
▸ Abre la **botella**.	▸ Öffne die **Flasche**.
el café [el ka'fe] *n*	**der Kaffee**
▸ Un **café**, por favor.	▸ Einen **Kaffee**, bitte.
la cerveza [la θɛr'beθa] *n*	**das Bier**
▸ ¿Quieres una **cerveza**?	▸ Willst du ein **Bier**?
el chocolate [el tʃoko'late] *n*	**der Kakao** Getränk
▸ En este café hacen un **chocolate** muy bueno.	▸ In diesem Café machen sie einen sehr guten **Kakao**.
la leche [la 'letʃe] *n*	**die Milch**
▸ Un vaso de **leche**, por favor.	▸ Ein Glas **Milch**, bitte.
seco, -a ['seko, -a] *adj*	**trocken**
▸ Me gusta más un vino **seco**.	▸ Ich möchte lieber einen **trockenen** Wein.
el té [el te] *n*	**der Tee**
▸ Me gusta más el **té** que el café.	▸ Ich mag **Tee** lieber als Kaffee.
el vino blanco [el 'bino 'blaŋko] *n*	**der Weißwein**
▸ Este **vino blanco** es muy seco.	▸ Dieser **Weißwein** ist sehr trocken.
el vino tinto [el 'bino 'tinto] *n*	**der Rotwein**
▸ ¿Quiere **vino tinto** o blanco?	▸ Wollen Sie **Rotwein** oder Weißwein?
el zumo [el 'θumo] *n*	**der Saft**
▸ Un **zumo** de naranja, por favor.	▸ Einen Orangen**saft**, bitte.

Zu Tisch

bueno, -a ['bŭeno, -a] *adj* — **gut**
- Este vino es muy **bueno**. — Dieser Wein ist sehr **gut**.

caliente [ka'lĭente] *adj m/f* — **heiß**
- La sopa está muy **caliente**. — Die Suppe ist sehr **heiß**.

el camarero [el kama'rero] *n* — **der Kellner, der Ober**
- El **camarero** viene enseguida. — Der **Kellner** kommt sofort.
- **Camarero**, la cuenta, por favor. — Herr **Ober**, die Rechnung bitte.

la camarera [la kama'rera] *n* — **die Kellnerin**
- Voy a llamar a la **camarera**. — Ich rufe mal die **Kellnerin**.

la carta [la 'karta] *n* — **die Speisekarte**
- Camarero, la **carta**, por favor. — Herr Ober, die **Speisekarte** bitte.

la cocina [la ko'θina] *n* — **die Küche** Kochkunst
- Nos gusta mucho la **cocina** española. — Wir mögen die spanische **Küche** sehr.

la cuenta [la 'kŭenta] *n* — **die Rechnung**
- La **cuenta**, por favor. — Die **Rechnung**, bitte.

faltar [fal'tar] *v* — **fehlen**
- Aquí **falta** un vaso. — Hier **fehlt** ein Glas.

gustar [gus'tar] *v* — **schmecken**
- ¿Os **ha gustado** la sopa? — **Hat** euch die Suppe **geschmeckt**?

el hambre [el 'ambre] *n* — **der Hunger**
- Tengo mucha **hambre**. — Ich habe großen **Hunger**.

el menú [el me'nu] *n*	**das Menü**
❯ El **menú** del día cuesta nueve euros.	❯ Das Tages**menü** kostet neun Euro.
ocupado, -a [oku'paðo, -a] *adj*	**besetzt**
❯ Esta mesa está **ocupada**.	❯ Dieser Tisch ist **besetzt**.
pedir [pe'ðir] *v*	**bestellen**
❯ ¿Quiere **pedir** ya?	❯ Möchten Sie schon **bestellen**?
el plato [el 'plato] *n*	**das Gericht, der Teller**
❯ Tomamos el **plato** del día.	❯ Wir nehmen das Tages**gericht**.
❯ Los **platos** ya están en la mesa.	❯ Die **Teller** sind schon auf dem Tisch.
el postre [el 'pɔstre] *n*	**das Dessert, der Nachtisch**
❯ ¿Qué **postre** vas a tomar?	❯ Welchen **Nachtisch** nimmst du?
probar [pro'bar] *v*	**probieren**
❯ Quiero **probar** este vino.	❯ Ich möchte diesen Wein **probieren**.
el restaurante [el rrestau̯'rante] *n*	**das Restaurant**
❯ Hay un **restaurante** nuevo en el centro.	❯ Es gibt ein neues **Restaurant** im Zentrum.
la sed [la se(ð)] *n*	**der Durst**
❯ Tengo mucha **sed**.	❯ Ich habe großen **Durst**.

la sopa [la 'sopa] *n* ❯ Queda un poco de **sopa**.	**die Suppe** ❯ Es ist noch ein wenig **Suppe** da.
tomar [to'mar] *v* ❯ ¿Quiere **tomar** algo?	**zu sich nehmen** ❯ Möchten Sie etwas **zu sich nehmen**?
la tortilla [la tɔr'tiʎa] *n* ❯ Para cenar hay **tortilla** y una ensalada.	**die Tortilla** ❯ Zum Abendessen gibt es **Tortilla** und einen Salat.

Mahlzeiten und Zubehör

beber [be'βɛr] *v* ❯ **Bebo** mucha agua.	**trinken** ❯ Ich **trinke** viel Wasser.
la cena [la 'θena] *n* ❯ ¿Vienes tú también a la **cena**?	**das Abendessen** ❯ Kommst du auch zum **Abendessen**?
cenar [θe'nar] *v* ❯ Queremos **cenar** a las nueve.	**zu Abend essen** ❯ Wir möchten um neun **zu Abend essen**.
cocinar [ko'θinar] *v* ❯ Mi marido **cocina** muy bien.	**kochen** ❯ Mein Mann **kocht** sehr gut.
la comida [la ko'miða] *n* ❯ Hay **comida** en la cocina.	**das Essen** ❯ Es gibt **Essen** in der Küche.

comer [ko'mɛr] *v*	**essen**
❯ No quiero **comer** todavía.	❯ Ich möchte noch nicht **essen**.
la cuchara [la ku'tʃara] *n*	**der Löffel**
❯ ¿Me das una **cuchara**, por favor?	❯ Gibst du mir bitte einen **Löffel**?
el cuchillo [el ku'tʃiʎo] *n*	**das Messer**
❯ Faltan los **cuchillos**.	❯ Die **Messer** fehlen noch.
el desayuno [el desa'ʲuno] *n*	**das Frühstück**
❯ Ya os he preparado el **desayuno**.	❯ Ich habe euch das **Frühstück** schon gemacht.
desayunar [desaʲu'nar] *v*	**frühstücken**
❯ ¿A qué hora quieres **desayunar**?	❯ Um wie viel Uhr möchtest du **frühstücken**?
la taza [la 'taθa] *n*	**die Tasse**
❯ ¿Dónde están las **tazas**?	❯ Wo sind die **Tassen**?
el tenedor [el tene'ðɔr] *n*	**die Gabel**
❯ Estoy buscando los **tenedores**.	❯ Ich suche die **Gabeln**.
el vaso [el 'baso] *n*	**das Glas**
❯ ¿Quieres un **vaso** de leche caliente?	❯ Willst du ein **Glas** heiße Milch?

NATUR UND UMWELT

Landschaften, Städte und Regionen

el campo [el 'kampo] *n*	**das Land**
❭ ¿Le gusta vivir en el **campo**?	❭ Leben Sie gern auf dem **Land**?
la capital [la kapi'tal] *n*	**die Hauptstadt**
❭ ¿Sabes cómo se llama la **capital**?	❭ Weißt du, wie die **Hauptstadt** heißt?
la ciudad [la θiu'ða(ð)] *n*	**die Stadt**
❭ ¿Ya conocéis la **ciudad**?	❭ Kennt ihr schon die **Stadt**?
la costa [la 'kɔsta] *n*	**die Küste**
❭ ¿Ya conocéis la **costa**?	❭ Kennt ihr schon die **Küste**?
el lago [el 'lago] *n*	**der See**
❭ A cinco kilómetros de aquí hay un **lago** muy bonito.	❭ Fünf Kilometer von hier ist ein sehr schöner **See**.
el mar [el mar] *n*	**das Meer**
❭ Me gusta ir al **mar**.	❭ Ich fahre gern ans **Meer**.

la montaña [la mɔn'taɲa] *n*
- Mañana subiremos a la **montaña**.
- Me gusta más la **montaña** que el mar.

der Berg, das Gebirge
- Morgen steigen wir auf den **Berg**.
- Ich mag das **Gebirge** lieber als das Meer.

el mundo [el 'mundo] *n*
- Clara viaja mucho, conoce el **mundo** entero.

die Welt
- Clara reist viel, sie kennt die ganze **Welt**.

el país [el pa'is] *n*
- ¿Quieres conocer este **país**?

das Land
- Möchtest du dieses **Land** gern kennenlernen?

el paisaje [el pai̯'saxe] *n*
- Me interesan más los **paisajes** de montaña.

die Landschaft
- Gebirgs**landschaften** interessieren mich mehr.

el pueblo [el 'pu̯eblo] *n*
- Me gustan mucho los **pueblos** de la costa.

das Dorf
- Ich mag die Küsten**dörfer** sehr.

la región [la rrɛ'xi̯ɔn] *n*
- En la **región** de Madrid hay mucha industria.

die Gegend, die Region
- In der **Gegend** von Madrid gibt es viel Industrie.

el río [el 'rrio] *n*
- ¿Cómo se llama este **río**?

der Fluss
- Wie heißt dieser **Fluss**?

el sitio [el 'siti̯o] *n*
- Es el **sitio** más tranquilo de la ciudad.

der Ort
- Das ist der ruhigste **Ort** der Stadt.

Tiere und Pflanzen

el animal [el ani'mal] *n*
- Me gustan mucho los **animales**.

das Tier
- Ich mag **Tiere** sehr.

la araña [la a'raɲa] *n*
- Tengo miedo a las **arañas**.

die Spinne
- Vor **Spinnen** habe ich Angst.

el caballo [el ka'baʎo] *n*
- Los **caballos** argentinos son famosos en todo el mundo.

das Pferd
- Argentinische **Pferde** sind auf der ganzen Welt berühmt.

la cabra [la 'kabra] *n*
- A mi madre le gusta el queso de **cabra**.

die Ziege
- Meine Mutter mag **Ziegen**käse.

el cerdo [el 'θerðo] *n*
- A José no le gusta la carne de **cerdo**.

das Schwein
- Jose mag kein **Schweine**fleisch.

el conejo [el co'nexo] *n*
- Marta tiene dos **conejos** en el jardín.

das Kaninchen
- Marta hat zwei **Kaninchen** im Garten.

la gallina [la ga'ʎina] *n*
- Las **gallinas** ponen huevos.

das Huhn
- **Hühner** legen Eier.

el gallo [el 'gaʎo] *n*
- El **gallo** canta.

der Hahn
- Der **Hahn** kräht.

el gato [el 'gato] *n*
- ¡Qué **gato** tan bonito!

der Kater
- Was für ein schöner **Kater**!

la gata [la ˈgata] *n*	**die Katze**
❯ Mi **gata** se llama Jezebel.	❯ Meine **Katze** heißt Jezebel.
la mosca [la ˈmɔska] *n*	**die Fliege**
❯ En la casa de campo hay muchas **moscas**.	❯ Im Landhaus gibt es viele **Fliegen**.
el pájaro [el ˈpaxaro] *n*	**der Vogel**
❯ ¿No oyes los **pájaros**?	❯ Hörst du nicht die **Vögel**?
el perro [el ˈpɛrro] *n*	**der Hund**
❯ El **perro** está en el jardín.	❯ Der **Hund** ist im Garten.
el pez [el peθ] *n*	**der Fisch**
❯ Hay muchos **peces** en este río.	❯ In diesem Fluss gibt es viele **Fische**.
el ratón [el rraˈtɔn] *n*	**die Maus**
❯ Este **ratón** es blanco.	❯ Diese **Maus** ist weiß.
la vaca [la ˈbaka] *n*	**die Kuh**
❯ Bebo mucha leche de **vaca**.	❯ Ich trinke viel **Kuh**milch.
el árbol [el ˈarbɔl] *n*	**der Baum**
❯ Tenemos cuatro **árboles** grandes en nuestro jardín.	❯ Wir haben vier große **Bäume** in unserem Garten.
el bosque [el ˈboske] *n*	**der Wald**
❯ La casa está cerca del **bosque**.	❯ Das Haus liegt in der Nähe des **Waldes**.
la flor [la flɔr] *n*	**die Blume**
❯ En mi jardín hay **flores** de todos los colores.	❯ In meinem Garten gibt es **Blumen** in allen Farben.

la hierba [la 'jɛrba] *n*	**das Gras**
❯ Las vacas comen **hierba**.	❯ Die Kühe fressen **Gras**.
la hoja [la 'ɔxa] *n*	**das Blatt**
❯ Es otoño y los árboles ya casi no tienen **hojas**.	❯ Es ist Herbst und die Bäume haben kaum noch **Blätter**.
la palmera [la pal'mera] *n*	**die Palme**
❯ Estas **palmeras** son muy altas.	❯ Diese **Palmen** sind sehr hoch.
la planta [la 'planta] *n*	**die Pflanze**
❯ La **planta** necesita más agua.	❯ Die **Pflanze** braucht mehr Wasser.
la rosa [la 'rrɔsa] *n*	**Rose**
❯ Una **rosa** roja para usted.	❯ Eine rote **Rose** für Sie.

Wetter und Klima

el agua [el 'agŭa] *n*	**das Wasser**
❯ El precio del **agua** ha subido mucho.	❯ Der **Wasser**preis ist sehr gestiegen.
el aire [el 'aĭre] *n*	**die Luft**
❯ Me gusta el **aire** de la montaña.	❯ Ich mag die Berg**luft**.
caliente [ka'ljente] *adj m/f*	**warm**
❯ La comida ya no está **caliente**.	❯ Das Essen ist nicht mehr **warm**.

hacer calor [aˈθɛr kaˈlɔr] *phrase*	**heiß sein, warm sein** Wetter
› Ayer **hizo** mucho **calor**.	› Gestern **war** es sehr **heiß**.
› **Hace calor** hoy.	› Es **ist warm** heute.
cambiar [kamˈbi̯ar] *v*	**sich ändern**
› El tiempo **ha cambiado**.	› Das Wetter **hat** sich **geändert**.
el frío [el ˈfrio] *n*	**die Kälte**
› ¿Por qué os gusta tanto el **frío**?	› Wieso mögt ihr die **Kälte** so gern?
frío, -a [ˈfrio, -a] *adj*	**kalt**
› ¡Qué **fría** está el agua!	› Wie **kalt** das Wasser ist!
hacer frío [aˈθɛr ˈfrio] *phrase*	**kalt sein** Wetter
› Hoy **hace** mucho **frío**.	› Heute **ist** es sehr **kalt**.
llover [ʎoˈβer] *v*	**regnen**
› No podemos salir, está **lloviendo**.	› Wir können nicht hinausgehen, es **regnet**.
el sol [el sɔl] *n*	**die Sonne**
› No me gusta mucho el **sol**.	› Ich mag die **Sonne** nicht besonders.
hacer sol [aˈθɛr sɔl] *phrase*	**sonnig sein**
› Hoy **hace sol**.	› Heute **ist** es **sonnig**.
la sombra [la ˈsɔmbra] *n*	**der Schatten**
› En la **sombra** hace frío.	› Im **Schatten** ist es kalt.
el tiempo [el ˈti̯empo] *n*	**das Wetter**
› No me gusta este **tiempo**.	› Ich mag dieses **Wetter** nicht.

hacer mal tiempo
[a'θɛr mal 'tǐempo] *phrase*
> Cuando **hace mal tiempo** no me gusta salir.

schlechtes Wetter sein

> Wenn **schlechtes Wetter ist**, gehe ich nicht gern hinaus.

hacer buen tiempo
[a'θɛr bŭen 'tǐempo] *phrase*
> Hoy **hace** muy **buen tiempo**.

schönes Wetter sein

> Heute **ist** sehr **schönes Wetter**.

DIE ZEIT

Jahreszeiten und Monate

el año [el 'aɲo] *n*	**das Jahr**
▸ Ha sido un **año** muy bueno.	▸ Das ist ein sehr gutes **Jahr** gewesen.
el mes [el mes] *n*	**der Monat**
▸ No veo a Daniel desde hace un **mes**.	▸ Ich habe Daniel schon seit einem **Monat** nicht gesehen.
al mes [al mes] *adv*	**im Monat**
▸ ¿Cuánto ganas **al mes**?	▸ Wie viel verdienst du **im Monat**?
la primavera [la prima'bera] *n*	**das Frühjahr, der Frühling**
▸ Vamos a hacer un viaje en **primavera**.	▸ Im **Frühjahr** werden wir eine Reise machen.
el verano [el be'rano] *n*	**der Sommer**
▸ En **verano** hace mucho calor aquí.	▸ Im **Sommer** ist es hier sehr heiß.
el otoño [el o'toɲo] *n*	**der Herbst**
▸ El colegio empieza en **otoño**.	▸ Die Schule beginnt im **Herbst**.

Jahreszeiten und Monate

el invierno [el im'bjɛrno] *n*
› Después del **invierno** viene la primavera.

der Winter
› Nach dem **Winter** kommt der Frühling.

enero [e'nero] *n m*
› Nos vamos ya el cuatro de **enero**.

der Januar
› Wir fahren schon am vierten **Januar**.

TIPP Das Datum schreibt man im Spanischen mit *el* + Tag (Grundzahl) + *de* + Monat. Die Monatsnamen sind, wie im Deutschen, maskulin, tragen aber keinen Artikel: *en enero* – **im Januar**.

febrero [fe'βrero] *n m*
› En **febrero** ya no hace tanto frío.

der Februar
› Im **Februar** ist es nicht mehr so kalt.

marzo ['marθo] *n m*
› En **marzo** vamos a hacer un viaje a Portugal.

der März
› Im **März** werden wir eine Reise nach Portugal machen.

abril [a'βril] *n m*
› Mi hermano empieza a trabajar en **abril**.

der April
› Mein Bruder fängt im **April** an zu arbeiten.

mayo ['maʝo] *n m*
› En **mayo** siempre tenemos mucho trabajo en el jardín.

der Mai
› Im **Mai** haben wir immer viel Arbeit im Garten.

junio ['xunĭo] *n m*
› En **junio** nos vamos a la montaña por una semana.

der Juni
› Im **Juni** fahren wir für eine Woche in die Berge.

julio ['xulĭo] *n m*
› Los niños tienen vacaciones en **julio**.

der Juli
› Die Kinder haben im **Juli** Ferien.

agosto [aˈgɔsto] *n m*
› ¿Sabes si Enrique va a estar en México en **agosto**?

der August
› Weißt du, ob Enrique im **August** in Mexiko sein wird?

septiembre [sepˈtjembre] *n m*
› En **septiembre** todavía hace buen tiempo aquí.

der September
› Im **September** ist hier noch schönes Wetter.

> **TIPP** Auch die Form *setiembre* ist üblich.

octubre [ɔkˈtubre] *n m*
› El 12 de **octubre** es día festivo.

der Oktober
› Der 12. **Oktober** ist ein Feiertag.

noviembre [noˈbjembre] *n m*
› En **noviembre** siempre llueve mucho aquí.

der November
› Im **November** regnet es hier immer viel.

diciembre [diˈθjembre] *n m*
› María escribe que va a visitarnos en **diciembre**.

der Dezember
› María schreibt, dass sie uns im **Dezember** besuchen wird.

Wochentage

la semana [la seˈmana] *n*
› Nos vamos a quedar una **semana**.

die Woche
› Wir werden eine **Woche** bleiben.

el lunes [el ˈlunes] *n*
› Nos vemos el **lunes**.

der Montag
› Wir sehen uns am **Montag**.

los lunes [los 'lunes] *adv*	**montags**
▸ **Los lunes** me levanto a las seis.	▸ **Montags** stehe ich um sechs Uhr auf.
el martes [el 'martes] *n*	**der Dienstag**
▸ Cada **martes** nos encontramos con Ricardo.	▸ Wir treffen uns jeden **Dienstag** mit Ricardo.
los martes [los 'martes] *adv*	**dienstags**
▸ Tengo que trabajar **los martes**.	▸ Ich muss **dienstags** arbeiten.
el miércoles [el 'mi̯ɛrkoles] *n*	**der Mittwoch**
▸ El **miércoles** es mi día libre.	▸ Der **Mittwoch** ist mein freier Tag.
los miércoles [los 'mi̯ɛrkoles] *adv*	**mittwochs**
▸ **Los miércoles** no cocinamos.	▸ **Mittwochs** kochen wir nicht.
el jueves [el 'xu̯eβes] *n*	**der Donnerstag**
▸ Mis padres vuelven el **jueves**.	▸ Meine Eltern kommen am **Donnerstag** zurück.
los jueves [los 'xu̯eβes] *adv*	**donnerstags**
▸ Mis padres no trabajan **los jueves**.	▸ Meine Eltern arbeiten **donnerstags** nicht.
el viernes [el 'bi̯ɛrnes] *n*	**der Freitag**
▸ ¿Tienes tiempo el **viernes**?	▸ Hast du am **Freitag** Zeit?
los viernes [los 'bi̯ɛrnes] *adv*	**freitags**
▸ Tengo que trabajar **los viernes**.	▸ Ich muss **freitags** arbeiten.

el sábado [el 'saβaðo] *n*	**der Samstag**
⟩ Vemos a Eva cada **sábado** en el mercado.	⟩ Wir sehen Eva jeden **Samstag** auf dem Markt.
los sábados [los 'saβaðos] *adv*	**samstags**
⟩ **Los sábados** no me gusta cocinar.	⟩ **Samstags** koche ich nicht gern.
el domingo [el do'miŋgo] *n*	**der Sonntag**
⟩ El **domingo** voy a dar un paseo con mi madre.	⟩ Am **Sonntag** werde ich mit meiner Mutter einen Spaziergang machen.
los domingos [los do'miŋgos] *adv*	**sonntags**
⟩ **Los domingos** voy siempre al cine.	⟩ **Sonntags** gehe ich immer ins Kino.

Tageszeitung und Uhrzeiten

a [a] *prep*
- Desayuno **a** las siete.

um
- Ich frühstücke um **sieben**.

¿A qué hora...? [a ke 'ora] *phrase*
- ¿**A qué hora** has dicho?

Um wie viel Uhr ...?
- **Um wie viel Uhr** hast du gesagt?

el cuarto [el 'kŭarto] *n*
- Quedamos a las cinco menos **cuarto**.
- Tardarás un **cuarto** de hora, veinte minutos.

das Viertel, die Viertelstunde
- Wir treffen uns um **Viertel** vor fünf.
- Du wirst etwa eine **Viertelstunde**, zwanzig Minuten brauchen.

de la mañana [de la ma'ɲana] *phrase*
- El tren sale a las ocho **de la mañana**.

morgens
- Der Zug fährt um acht Uhr **morgens** ab.

de la tarde [de la 'tarðe] *phrase*
- Nuestro vuelo llega a las cuatro **de la tarde**.

nachmittags
- Wir landen um vier Uhr **nachmittags**.

día y noche ['dia i 'notʃe] *phrase*
- Tenemos que trabajar **día y noche**.

rund um die Uhr
- Wir müssen **rund um die Uhr** arbeiten.

la hora [la 'ora] *n*
- En una **hora** vamos a comer.
- ¿Qué **hora** es?

die Stunde, Uhr
- In einer **Stunde** essen wir.
- Wie viel **Uhr** ist es?

hoy [ɔi̯] *adv*	**heute**
❯ **Hoy** está cerrado.	❯ **Heute** ist geschlossen.
la mañana [la ma'ɲana] *n*	**der Morgen, der Vormittag**
❯ Esta **mañana** no trabajo.	❯ Heute **Morgen** arbeite ich nicht.
❯ Esta tienda abre sólo por la **mañana**.	❯ Dieser Laden öffnet nur am **Vormittag**.
la medianoche [la meðia'notʃe] *n*	**die Mitternacht**
❯ Saldremos a **medianoche**.	❯ Wir werden um **Mitternacht** losfahren.
medio, -a ['meðio, -a] *adj*	**halb**
❯ Hemos tardado **media** hora en llegar.	❯ Wir haben eine **halbe** Stunde gebraucht, um anzukommen.
❯ Son las tres y **media**.	❯ Es ist **halb** vier.
el mediodía [el meðio'ðia] *n*	**der Mittag**
❯ A **mediodía** comemos en el restaurante.	❯ **Mittags** essen wir im Restaurant.
menos ['menos] *adv*	**vor** Uhrzeit
❯ Ya son las seis **menos** cuarto.	❯ Es ist schon Viertel **vor** sechs.
el minuto [el mi'nuto] *n*	**die Minute**
❯ En diez **minutos** comemos.	❯ In zehn **Minuten** essen wir.

la noche [la 'notʃe] *n*
- Leo cada **noche**.
- Una habitación para dos **noches**.

der Abend, die Nacht
- Ich lese jeden **Abend**.
- Ein Zimmer für zwei **Nächte**.

el segundo [el se'gundo] *n*
- Este anuncio dura veinte **segundos**.

die Sekunde
- Diese Ansage dauert zwanzig **Sekunden**.

la tarde [la 'tarðe] *n*
- El banco está cerrado por la **tarde**.
- Nos encontramos en la **tarde**.

der Nachmittag, der Abend
- Am **Nachmittag** hat die Bank zu.
- Wir treffen uns am **Abend**.

y media [i 'meðia] *phrase*
- Hoy he comido a las tres **y media**.

halb Uhrzeit
- Heute habe ich um **halb** vier (drei Uhr dreißig) gegessen.

TIPP Achtung! *Tres y media* bedeutet **halb vier**, nicht **halb drei**!

y [i] *conj*
- Ayer por la tarde trabajé hasta las ocho **y** cuarto.

nach Uhrzeit
- Gestern Abend habe ich bis Viertel **nach** acht gearbeitet.

Weitere Zeitbegriffe

ahora [a'ɔra] *adv* — **jetzt**
> **Ahora** no tengo tiempo. — Ich habe **jetzt** keine Zeit.

el año [el 'aɲo] *n* — **das Jahr**
> El **año** que viene me caso. — Nächstes **Jahr** heirate ich.

antes ['antes] *prep* — **vorher**
> **Antes** no tengo tiempo. — **Vorher** habe ich keine Zeit.

antes de ['antes de] *prep + inf* — **bevor**
> **Antes de** ir al cine tienes que comer algo. — **Bevor** du ins Kino gehst, musst du etwas essen.

antes de ['antes de] *prep* — **vor**
> No te veré **antes de** la una. — Ich werde dich nicht **vor** ein Uhr sehen.

TIPP *Antes de* wird immer in Verbindung mit dem Infinitiv gebraucht.

ayer [a'ʝɛr] *adv* — **gestern**
> **Ayer** salimos de excursión. — **Gestern** haben wir einen Ausflug gemacht.

corto, -a ['kɔrto, -a] *adj* — **kurz**
> Este año vamos a hacer un viaje **corto**. — Dieses Jahr werden wir eine **kurze** Reise machen.

cuando ['kŭando] *conj*
- **Cuando** te he preguntado no me has contestado.
- **Cuando** miro por la ventana siempre la veo en el jardín.
- Siempre me alegro **cuando** te veo.

als, immer wenn, wenn
- **Als** ich dich gefragt habe, hast du mir nicht geantwortet.
- **Immer wenn** ich aus dem Fenster schaue, sehe ich sie im Garten.
- Ich freue mich immer, **wenn** ich dich sehe.

desde ['desđe] *prep*
- Estoy aquí **desde** el lunes.

seit bestimmter Zeitpunkt
- Ich bin **seit** Montag hier.

desde hace ['desđe 'aθe] *prep*
- Vivimos aquí **desde hace** un año.

seit bestimmte Zeitspanne
- Wir wohnen **seit** einem Jahr hier.

> **TIPP** *Desde* und *desde hace* bedeuten beide **seit**. *Desde* wird gebraucht, wenn ein Zeitpunkt gemeint ist, *desde hace* bezieht sich auf eine Zeitspanne.

después [des'pŭes] *adv*
- **Después** vamos a casa.
- A Isabel la veré **después**.

danach, dann, später
- **Danach** gehen wir nach Hause.
- Isabel werde ich **später** sehen.

después de [des'pŭes de] *prep*
- **Después del** cine vamos a tomar algo.
- **Después de** comer siempre descansan un poco.

nach, nachdem
- **Nach** dem Kino gehen wir etwas trinken.
- **Nachdem** sie gegessen haben, ruhen sie sich immer ein bisschen aus.

Weitere Zeitbegriffe

el día [el 'dia] *n* — **der Tag**
- Nos quedaremos cuatro **días**. — Wir werden vier **Tage** bleiben.

en [en] *prep* — **im**
- **En** invierno no viene nadie. — **Im** Winter kommt niemand.

hasta ['asta] *prep* — **bis**
- Trabajo **hasta** las seis. — Ich arbeite **bis** sechs.

la hora [la 'ora] *n* — **die Zeit**
- Han cambiado la **hora** de salida. — Sie haben die Abfahrt**zeit** geändert.

largo, -a ['largo, -a] *adj* — **lang**
- Vamos a hacer un viaje muy **largo**. — Wir werden eine sehr **lange** Reise machen.

mañana [ma'ɲana] *adv* — **morgen**
- **Mañana** es martes. — **Morgen** ist Dienstag.

el momento [el mo'mento] *n* — **der Augenblick, der Moment**
- Espere un **momento**, por favor. — Warten Sie bitte einen **Augenblick**.

mucho tiempo ['mutʃo 'tiempo] *adv* — **lange**
- ¿Se queda usted **mucho tiempo**? — Bleiben Sie **lange**?

anoche [a'notʃe] *adv* — **gestern Nacht**
- **Anoche** dieron la noticia por la radio. — **Gestern Nacht** kam die Nachricht im Radio.

nunca ['nuŋka] *adv*
❱ No escribe **nunca**.

nie
❱ Er schreibt **nie**.

primero [pri'mero] *adv*
❱ **Primero** comemos, después miramos las fotos.

zuerst
❱ **Zuerst** essen wir, dann sehen wir uns die Fotos an.

siempre ['si̯empre] *adv*
❱ **Siempre** viene a esta hora.

immer
❱ Er kommt **immer** um diese Uhrzeit.

tarde ['tarđe] *adv*
❱ Ya es **tarde**.

spät
❱ Es ist schon **spät**.

el tiempo [el 'ti̯empo] *n*
❱ Hoy no tengo **tiempo**.

die Zeit
❱ Heute habe ich keine **Zeit**.

a tiempo [a ti̯empo] *adv*
❱ Quiero llegar **a tiempo**.

rechtzeitig, pünktlich
❱ Ich will **rechtzeitig** ankommen.

todavía [tođa'bia] *adv*
❱ **Todavía** hay tiempo.

noch
❱ Es ist **noch** Zeit.

todavía no [tođa'bia no] *adv*
❱ **Todavía no** está abierto.

noch nicht
❱ Es ist **noch nicht** geöffnet.

ya [i̯a] *adv*
❱ **Ya** he hablado con ella.

bereits, schon
❱ Ich habe **schon** mit ihr gesprochen.

ya no [i̯a no] *adv*
❱ **Ya no** me interesa.

nicht mehr
❱ Das interessiert mich **nicht mehr**.

DER RAUM

Räumliche Begriffe

a [a] *prep*	
› **A** cien metros de aquí hay una farmacia.	entfernt mit Maßangabe › Hundert Meter von hier **entfernt** ist eine Apotheke.

a [a] *prep*	nach
› Vamos **a** Madrid.	› Wir fahren **nach** Madrid.

> **TIPP** Immer wenn nach *a* der Artikel *el* kommen soll, werden *a* + *el* zu *al* zusammengezogen, z. B. *Vamos al pueblo.* – Wir fahren ins Dorf.

allí [aˈʎi] *adv*	dort
› **Allí** hay una mesa libre.	› **Dort** ist ein freier Tisch.

aquí [aˈki] *adv*	hier, hierher
› **Aquí** no hay nadie.	› **Hier** ist niemand.
› Nuestros amigos quieren venir **aquí**.	› Unsere Freunde wollen **hierher** kommen.

de [de] *prep*	aus
› Jorge es **de** Málaga.	› Jorge ist **aus** Málaga.

delante de [deˈlante de] *prep*	**vor** räumlich
› Hemos aparcado el coche **delante del** hotel.	› Wir haben das Auto **vor** dem Hotel geparkt.

desde ['desðe] *prep*
❯ **Desde** aquí podéis llamar.

von ... aus
❯ Ihr könnt **von** hier **aus** anrufen.

al lado de [al 'laðo ðe] *prep*
❯ **Al lado del** museo hay un restaurante.

neben
❯ **Neben** dem Museum ist ein Restaurant.

para ['para] *prep*
❯ El tren **para** Guadalajara sale a las diez.

nach
❯ Der Zug **nach** Guadalajara fährt um zehn Uhr ab.

por [pɔr] *prep*
❯ El autobús pasa **por** el centro.

durch
❯ Der Bus fährt **durch** das Zentrum.

Richtungen und Himmelsrichtungen

a la derecha [a la ðe'retʃa] *phrase*
❯ **A la derecha** hay un bar.

rechts
❯ **Rechts** ist eine Kneipe.

a la izquierda [a la iθ'kïɛrða] *phrase*
❯ ¿Ves a la chica que está **a la izquierda**?

links
❯ Siehst du das Mädchen, das da **links** steht?

recto ['rekto] *adv*
❯ Siga usted todo **recto**.

geradeaus
❯ Gehen Sie immer **geradeaus**.

el este [el 'este] *n*
❯ El sol sale por el **este**.

der Osten
❯ Die Sonne geht im **Osten** auf.

al este de [al 'este ðe] *prep*
> **Al este de** Valencia se encuentran las Islas Baleares.

östlich von
> **Östlich von** Valencia befinden sich die Balearen.

el norte [el 'nɔrte] *n*
> El **norte** de España es bastante frío.

der Norden
> Der **Norden** Spaniens ist ziemlich kalt.

al norte de [al 'nɔrte de] *prep*
> Está **al norte de** Madrid.

nördlich von
> Es ist **nördlich von** Madrid.

el oeste [el o'este] *n*
> Nosotros vivimos en el **oeste**, no en el centro.

der Westen
> Wir wohnen im **Westen**, nicht im Zentrum.

al oeste de [al o'este de] *prep*
> **Al oeste de** España está Portugal.

westlich von
> **Westlich von** Spanien befindet sich Portugal.

el sur [el 'sur] *n*
> Sandra quiere viajar por el **sur** de Chile.

der Süden
> Sandra möchte durch den **Süden** Chiles reisen.

al sur de [al 'sur de] *prep*
> La Tierra del Fuego está **al sur de** Argentina y Chile.

südlich von
> Feuerland liegt **südlich von** Argentinien und Chile.

MENGE, MAß UND GEWICHT

Grund- und Ordnungszahlen

cero [ˈθɛro]	**null**
uno, -a [ˈuno, -a]	**eins**
primero, -a [priˈmero, -a]	**erste(r, -s)**
primer [priˈmer] *vor n m*	**erste(r, -s)**
dos [dɔs]	**zwei**
segundo, -a [seˈgundo, -a]	**zweite(r, -s)**
tres [tres]	**drei**
tercero, -a [tɛrˈθero, -a]	**dritte(r, -s)**
cuatro [ˈkŭatro]	**vier**
cuarto, -a [ˈkŭarto, -a]	**vierte(r, -s)**
cinco [ˈθiŋko]	**fünf**
quinto, -a [ˈkinto, -a]	**fünfte(r, -s)**
seis [sɛĭs]	**sechs**
sexto, -a [ˈsesto, -a]	**sechste(r, -s)**
siete [ˈsĭete]	**sieben**
séptimo, -a [ˈsɛptimo, -a]	**siebte(r, -s)**

ocho ['otʃo]	**acht**
octavo, -a [ɔk'taβo, -a]	**achte(r, -s)**
nueve ['nŭeβe]	**neun**
noveno, -a [no'βeno, -a]	**neunte(r, -s)**
diez [dĭɛθ]	**zehn**
décimo, -a ['deθimo, -a]	**zehnte(r, -s)**
once ['ɔnθe]	**elf**

TIPP Ab 11 werden die Ordnungszahlen eher selten verwendet. Man benutzt stattdessen die Grundzahlen.

doce ['doθe]	**zwölf**
trece ['treθe]	**dreizehn**
catorce [ka'tɔrθe]	**vierzehn**
quince ['kinθe]	**fünfzehn**
dieciséis [dĭeθi'sɛĭs]	**sechzehn**
diecisiete [dĭeθi'sĭete]	**siebzehn**
dieciocho [dĭeθi'otʃo]	**achtzehn**
diecinueve [dĭeθi'nŭeβe]	**neunzehn**
veinte ['bɛĭnte]	**zwanzig**
veintiuno, -a [bɛĭnti'uno, -a]	**einundzwanzig**
veintidós [bɛĭnti'dɔs]	**zweiundzwanzig**
veintitrés [bɛĭnti'tres]	**dreiundzwanzig**
veintiséis [bɛĭnti'sɛĭs]	**sechsundzwanzig**

treinta [ˈtrɛinta]	dreißig
treinta y uno [ˈtrɛinta i ˈuno]	einunddreißig
cuarenta [kŭaˈrenta]	vierzig
cincuenta [θiŋˈkŭenta]	fünfzig
sesenta [seˈsenta]	sechzig
setenta [seˈtenta]	siebzig
ochenta [oˈtʃenta]	achtzig
noventa [noˈbenta]	neunzig
cien [θĭen]	einhundert
ciento uno, -a [ˈθĭento ˈuno, -a]	hunderteins
doscientos, -as [dɔsˈθĭentos, -as]	zweihundert
trescientos, -as [tresˈθĭentos, -as]	dreihundert
cuatrocientos, -as [kŭatroˈθĭentos, -as]	vierhundert
cuatrocientos treinta y siete, cuatrocientas treinta y siete [kŭatroˈθĭentos ˈtrɛinta i ˈsĭete, kŭatroˈθĭentas ˈtrɛinta i ˈsĭete]	vierhundertsiebenunddreißig
quinientos, -as [kiˈnĭentos, -as]	fünfhundert
seiscientos, -as [sɛisˈθĭentos, -as]	sechshundert

setecientos, -as [sete'θi̯entos, -as]	**siebenhundert**
ochocientos, -as [otʃo'θi̯entos, -as]	**achthundert**
novecientos, -as [noβe'θi̯entos, -as]	**neunhundert**
mil [mil]	**eintausend, tausend**
dos mil [dɔs mil]	**zweitausend**
cien mil [θi̯en mil]	**hunderttausend**
millón [mi'ʎɔn]	**die Million**

Mengenbezeichnungen

cada ['kaða] *adj m/f* ❯ **Cada** casa tiene un pequeño jardín. ❯ ¡**Cada** día estás más guapa!	**jede(r, -s)** ❯ **Jedes** Haus hat einen kleinen Garten. ❯ Du wirst **jeden** Tag hübscher!
contar [kɔn'tar] *v* ❯ Todavía no **he contado** los sellos.	**zählen** ❯ Ich **habe** die Briefmarken noch nicht **gezählt**.
más o menos [mas o 'menos] *phrase* ❯ Son **más o menos** cien kilómetros.	**ungefähr** ❯ Es sind **ungefähr** hundert Kilometer.

medio, -a ['meðĭo, -a] *adj*
- **Medio** litro de vino, por favor.

halbe(r, -s)
- Einen **halben** Liter Wein, bitte.

medio ['meðĭo] *adj*
- La **media** pensión es más barata.

Halb-
- **Halb**pension ist günstiger.

> **TIPP** *Medio* und *media* als Adjektive werden nicht mit dem unbestimmten Artikel benutzt: *en media hora* – **in einer halben Stunde**.

mucho, -a ['mutʃo, -a] *adj*
- En esta calle no hay **muchas** casas.

viel(e)
- In dieser Straße gibt es nicht **viele** Häuser.

nada ['naða] *pron*
- Yo no sé **nada**.

nichts
- Ich weiß **nichts**.

> **TIPP** Wenn das verneinende Wort – hier *nada* – nach dem Verb steht, so muss vor dem Verb zusätzlich ein *no* stehen. Das nennt man doppelte Verneinung.

no [no] *adv inv*
- **No** tengo tiempo.

kein(e)
- Ich habe **keine** Zeit.

otro, -a ['otro, -a] *pron*
- **Otro** café, por favor.

noch ein(e)
- **Noch einen** Kaffee, bitte.

poco, -a ['poko, -a] *adj*
- Tengo **poco** tiempo.

wenig
- Ich habe **wenig** Zeit.

un poco [um 'poko] *adv*
- Este vino cuesta **un poco** más que el otro.

ein bisschen, ein wenig
- Dieser Wein kostet **ein wenig** mehr als der andere.

poco ['poko] *adv*	**wenig**
▶ Juan gana **poco**.	▶ Juan verdient **wenig**.
un poco de [um 'poko de] *phrase* + *n*	**ein bisschen**
▶ Tomo el café con **un poco de** leche.	▶ Ich trinke den Kaffee mit **ein bisschen** Milch.
un poco de [um 'poko de] *phrase*	**ein wenig** + n
quedar [ke'ðar] *v*	**bleiben, übrig bleiben**
▶ Nos **queda** una hora.	▶ Es **bleibt** uns noch eine Stunde.
▶ Me **quedan** veinte euros.	▶ Es **bleiben** mir noch zwanzig Euro **übrig**.
suficiente [sufi'θi̯ente] *adj m/f*	**ausreichend, genügend**
▶ No hay trabajo **suficiente** para todos.	▶ Es gibt nicht **ausreichend** Arbeit für alle.
▶ Mis conocimientos no son **suficientes** para esta tarea.	▶ Meine Kenntnisse sind nicht **ausreichend** für diese Aufgabe.
tanto, -a ['tanto, -a] *adj*	**so viel**
▶ ¡Tengo **tanto** trabajo!	▶ Ich habe **so viel** Arbeit!
tanto ... como, tanta ... como ['tanto...'komo,'tanta...'komo] *adj*	**so viel(e) ... wie**
▶ Tengo **tantas** preguntas **como** tú.	▶ Ich habe (genau) **so viele** Fragen **wie** du.

tanto como
['tanto 'komo] *adv*
▸ No sabes **tanto como** yo.

so viel wie substantivisch verwendet
▸ Du weißt nicht **so viel wie** ich.

---

el todo [el 'toðo] *n*
▸ Esto es **todo**.

alles substantivisch verwendet
▸ Das ist **alles**.

todos ['toðos] *n m*
▸ Vamos **todos** juntos.

alle substantivisch verwendet
▸ Wir fahren **alle** zusammen.

---

todo, -a ['toðo, -a] *adj + art*
▸ Trabajamos **toda** la semana.

ganze(r, -s)
▸ Wir arbeiten die **ganze** Woche.

todos, -as ['toðos, -as] *adj + art*
▸ Queremos **todos** los vasos.
▸ Laura viene **todos** los días.

alle; jede(r, -s)
▸ Wir möchten **alle** Gläser.
▸ Laura kommt **jeden** Tag.

> **TIPP** Auf *todo* als Adjektiv folgt in Verbindung mit einem Substantiv im Spanischen immer ein bestimmter Artikel oder ein Possessivpronomen. Im Deutschen steht der Artikel vor der deutschen Entsprechung von *todo: todo el país* – **das ganze Land**, *todos mis amigos* – **alle meine Freunde**.

---

el trozo [el 'troθo] *n*
▸ Prueba este **trozo** de pan.

das Stück
▸ Probier mal dieses **Stück** Brot.

---

la vez [la βeθ] *n*
▸ Es la primera **vez** que veo a tu hermana.

das Mal
▸ Das ist das erste **Mal**, dass ich deine Schwester sehe.

Maße und Gewichte

el centímetro [el θen'timetro] *n*
> Pedro ha crecido ya cinco **centímetros** este año.

der Zentimeter
> Pedro ist dieses Jahr schon fünf **Zentimeter** gewachsen.

el gramo [el 'gramo] *n*
> Póngame doscientos **gramos** de chorizo, por favor.

das Gramm
> Geben Sie mir bitte 200 **Gramm** Paprikawurst.

el kilo [el 'kilo] *n*
> El **kilo** cuesta cinco euros.

das Kilo
> Das **Kilo** kostet fünf Euro.

el kilogramo [el kilo'gramo] *n*
> Dáme un **kilogramo** de manzanas, por favor.

das Kilogramm
> Geben Sie mir bitte ein **Kilogramm** Äpfel.

el kilómetro [el ki'lometro] *n*
> Bilbao está a treinta **kilómetros**.

der Kilometer
> Bilbao ist dreißig **Kilometer** entfernt.

el litro [el 'litro] *n*
> Cada día bebo dos **litros** de agua.

der Liter
> Ich trinke jeden Tag zwei **Liter** Wasser.

el metro [el 'metro] *n*
> La parada está a cien **metros** de aquí.

der Meter
> Die Haltestelle ist hundert **Meter** von hier entfernt.

ANHANG

Personal- und Possessivpronomen

él [el] *pron m*	**er**
⟩ **Él** sabe más que ella.	⟩ **Er** weiß mehr als sie.
él [el] *pron m, nach prep*	**ihn, ihm**
⟩ Tengo un regalo para **él**.	⟩ Ich habe ein Geschenk für **ihn**.
⟩ ¿Ya habéis hablado con **él**?	⟩ Habt ihr schon mit **ihm** gesprochen?

ella [ˈeʎa] *pron f sg*	**sie**
⟩ **Ella** es muy limpia.	⟩ **Sie** ist sehr sauber.
ella [ˈeʎa] *pron f, nach prep*	**sie, ihr**
⟩ Su madre siempre tiene tiempo para **ella**.	⟩ Ihre Mutter hat immer für **sie** Zeit.
⟩ Juan habla con **ella** siempre.	⟩ Juan spricht immer mit **ihr**.

ellas [ˈeʎas] *pron f pl*	**sie**
⟩ He visto a Juana y María, pero **ellas** no se han dado cuenta.	⟩ Ich habe Juana und María gesehen, aber **sie** haben es nicht bemerkt.
ellas [ˈeʎas] *pron f pl, nach prep*	**sie, ihnen**
⟩ Este regalo es para **ellas**.	⟩ Dieses Geschenk ist für **sie**.

❯ Con **ellas** no se puede hablar.	❯ Mit **ihnen** kann man nicht reden.
ellos [ˈeʎos] *pron m pl*	**sie**
❯ He visto a Juan y Pepe, pero **ellos** no se han dado cuenta.	❯ Ich habe Juan und Pepe gesehen, aber **sie** haben es nicht bemerkt.
ellos [ˈeʎos] *pron m pl, nach prep*	**sie, ihnen**
❯ Este regalo es para **ellos**.	❯ Dieses Geschenk ist für **sie**.
❯ Con **ellos** no se puede hablar.	❯ Mit **ihnen** kann man nicht reden.
le [le] *pron m/f*	**ihm, ihr**
❯ Da**le** el libro.	❯ Gib **ihm** das Buch.
❯ No se **le** puede creer nada.	❯ **Ihr** kann man nichts glauben.
le [le] *pron m/f*	**Ihnen** Höflichkeitsform
❯ Buenos días, ¿**le** puedo ayudar?	❯ Guten Morgen, kann ich **Ihnen** helfen?
les [les] *pron m/f pl*	**ihnen**
❯ Los niños están en el jardín. ¿**Les** llevo un vaso de leche?	❯ Die Kinder sind im Garten. Soll ich **ihnen** ein Glas Milch bringen?
les [les] *pron m/f pl*	**Ihnen** Höflichkeitsform
❯ ¿Quieren que **les** ayudemos?	❯ Möchten Sie, dass wir **Ihnen** helfen?

lo [lo] *pron m*
- No, no **lo** he visto.

ihn
- Nein, ich habe **ihn** nicht gesehen.

lo [lo] *pron n*
- No **lo** sé.

es
- Ich weiß **es** nicht.

lo [lo] *pron m*
- No **lo** conozco.

Sie Höflichkeitsform
- Ich kenne **Sie** nicht.

> **TIPP** Die Verwendung von *le* (im Singular) und *les* (im Plural) als direkte Objektpronomen bei männlichen Personen nennt man *leísmo*. Sie ist in manchen Teilen Spaniens (u. a. Madrid) üblich, wird jedoch oft als inkorrekt gesehen. Die Real Academia Española akzeptiert diese Form des *leísmos*, empfiehlt sie aber nicht.

la [la] *pron f*
- No **la** conozco.

sie
- Ich kenne **sie** nicht.

la [la] *pron f*
- **La** hemos visto en el cine, señora Lemos.

Sie Höflichkeitsform
- Wir haben **Sie** im Kino gesehen, Frau Lemos.

las [las] *pron f pl*
- ¿Conoces a estas hermanas? – No, no **las** conozco.

sie
- Kennst du diese Schwestern? – Nein, ich kenne **sie** nicht.

las [las] *pron f pl*
- No **las** he visto.

Sie Höflichkeitsform
- Ich habe **Sie** nicht gesehen.

los [los] *pron m pl*
- ¿Conoces a estos hombres? – No, no **los** conozco.

sie
- Kennst du diese Männer? – Nein, ich kenne **sie** nicht.

los [los] *pron m pl*
- No **los** he visto.

Sie Höflichkeitsform
- Ich habe **Sie** nicht gesehen.

---

me [me] *pron m/f*
- Nadie **me** quiere.
- ¿**Me** das el libro?

mich, mir
- Keiner liebt **mich**.
- Gibst du **mir** das Buch?

---

mí [mi] *pron m/f, nach prep*
- ¿Por qué siempre hablamos sobre **mí**?
- A **mí** me gusta mucho este vino.

mich, mir
- Warum reden wir immer über **mich**?
- **Mir** schmeckt dieser Wein sehr gut.

---

nos [nɔs] *pron m/f pl*
- No **nos** invitan nunca.
- Ya **nos** han mandado cuatro cartas.

uns
- Sie laden **uns** nie ein.
- Sie haben **uns** schon vier Briefe geschickt.

---

nosotros, -as [no'sotros, -as] *pron pl*
- **Nosotras** no cocinamos en casa; eso lo hacen nuestros maridos.

wir
- **Wir** kochen daheim nicht; das machen unsere Männer.

---

nosotros, -as [no'sotros, -as] *pron pl, nach prep*
- ¿Vienes con **nosotros** al cine?

uns
- Kommst du mit **uns** ins Kino?

---

os [ɔs] *pron m/f pl*
- **Os** hemos visto en el parque.
- **Os** hemos mandado una carta.

euch
- Wir haben **euch** im Park gesehen.
- Wir haben **euch** einen Brief geschickt.

se [se] *pron*	**man**
❱ ¿Cómo **se** hace esto?	❱ Wie macht **man** das?
te [te] *pron m/f*	**dich, dir**
❱ **Te** he visto en el cine.	❱ Ich habe **dich** im Kino gesehen.
❱ ¿**Te** gusta este vino?	❱ Schmeckt **dir** dieser Wein?
ti [ti] *pron m/f, nach prep*	**dich, dir**
❱ Este regalo es para **ti**.	❱ Dieses Geschenk ist für **dich**.
❱ Hemos hablado de **ti**.	❱ Wir haben von **dir** gesprochen.
tú [tu] *pron m/f*	**du**
❱ **Tú** eres Jacinto, ¿no?	❱ **Du** bist Jacinto, oder?
usted [us'te(đ)] *pron m/f sg*	**Sie** Höflichkeitsform
❱ ¿Es **usted** española?	❱ Sind **Sie** Spanierin?
usted [us'te(đ)] *pron m/f sg, nach prep*	**Sie** Höflichkeitsform
❱ Hemos reservado una mesa para **usted**.	❱ Wir haben einen Tisch für **Sie** reserviert.
usted [us'te(đ)] *pron m/f, nach prep*	**Ihnen** Höflichkeitsform
❱ Voy a ir con **usted**.	❱ Ich werde mit **Ihnen** gehen.
ustedes [us'teđes] *pron m/f pl*	**Sie** Höflichkeitsform
❱ ¿Son **ustedes** españolas?	❱ Sind **Sie** Spanierinnen?

ustedes [usˈteðes] *pron m/f pl, nach prep*
- Creo que esta carta es para **ustedes**.
- Hemos hablado de **ustedes**.

Sie, Ihnen Höflichkeitsform
- Ich glaube, dieser Brief ist für **Sie**.
- Wir haben von **Ihnen** gesprochen.

vosotros, -as [boˈsotros, -as] *pron pl*
- ¿Laura y Teresa, **vosotras** os quedáis un poco más?

ihr
- Laura und Teresa, bleibt **ihr** noch ein bisschen?

vosotros, -as [boˈsotros, -as] *pron pl, nach prep*
- Esta carta es para **vosotros**.
- Lo hago por **vosotros**.

euch
- Dieser Brief ist für **euch**.
- Ich tue das wegen **euch**.

yo [ĭo] *pron m/f*
- Tú sabes español, pero **yo** no.

ich
- Du kannst Spanisch, aber **ich** nicht.

mi [mi] *pron m/f, pl mis*
- **Mi** amigo es todavía un hombre joven.
- **Mi** amiga vive en el campo.

mein(e)
- **Mein** Freund ist noch ein junger Mann.
- **Meine** Freundin lebt auf dem Land.

nuestro, -a [ˈnŭestro, -a] *pron, pl nuestros, nuestras*
- **Nuestro** hijo está estudiando en Inglaterra.
- Necesito **nuestra** manta.

unser(e)
- **Unser** Sohn studiert in England.
- Ich brauche **unsere** Decke.

su [su] *pron m/f*
- Marcos ha recibido una carta de **su** madre.
- Allí está Paloma con **su** amiga.
- Señor García, **su** coche ya está arreglado.

sus [sus] *pron m/f pl*
- Allí está Pablo con **sus** amigos.
- Allí está Paloma con **sus** amigas.

sein(e), ihr(e), Ihr(e) sg
- Marcos hat einen Brief von **seiner** Mutter erhalten.
- Dort ist Paloma mit **ihrer** Freundin.
- Herr García, **Ihr** Auto ist jetzt repariert.

seine, ihre pl
- Dort ist Pablo mit **seinen** Freunden.
- Dort ist Paloma mit **ihren** Freundinnen.

---

tu [tu] *pron m/f, pl tus*
- Hoy he conocido a **tu** hermano.

dein(e)
- Heute habe ich **deinen** Bruder kennengelernt.

---

vuestro, -a [ˈbŭestro, -a] *pron, pl vuestros, vuestras*
- **Vuestro** hijo ya trabaja, ¿no?

euer(e)

- **Euer** Sohn arbeitet schon, oder?

Interrogativ- und Demonstrativpronomen

adónde [a'dɔnde] *pron*
› ¿**Adónde** va usted?

wohin
› **Wohin** gehen Sie?

cómo ['komo] *pron*
› ¿**Cómo** está usted?

wie bei Fragen
› **Wie** geht es Ihnen?

cuál [kŭal] *pron, pl cuáles*
› ¿**Cuál** es la ciudad más grande del mundo?

welche(r, -s)
› **Welche** ist die größte Stadt der Welt?

cuándo ['kŭando] *pron*
› ¿**Cuándo** nos vemos?

wann
› **Wann** sehen wir uns?

cuánto ['kŭanto] *pron*
› ¿**Cuánto** cuesta este CD?

wie viel
› **Wie viel** kostet diese CD?

cuántos, -as ['kŭantos, -as] *pron pl*
› ¿**Cuántas** habitaciones tiene la casa?

wie viele
› **Wie viele** Zimmer hat das Haus?

dónde ['dɔnde] *pron*
› ¿**Dónde** vive usted?
› ¿**Dónde** puedo sentarme?

wo, wohin
› **Wo** wohnen Sie?
› **Wo** kann ich mich **hin**setzen?

de dónde [de 'dɔnde] *pron*
› ¿**De dónde** es usted?

woher
› **Woher** sind Sie?

ese, esa ['ese, 'esa] *pron, pl esos, esas*
› **Esos** zapatos me gustan mucho.

der, die, das da; diese(r, -s) da
› **Die** Schuhe **da** gefallen mir sehr.

eso ['eso] *pron m, inv*
> ¿Has visto **eso**?

eso ['eso] *pron n, inv*

> ¿Has visto **eso**?

das substantivisch verwendet
> Hast du **das** gesehen?

das da substantivisch verwendet
> Hast du **das** gesehen?

TIPP *Eso* ist ein sächliches Demonstrativpronomen und steht nie bei einem Substantiv, sondern immer allein.

este, esta ['este, 'esta] *pron, pl estos, estas*
> **Este** coche es carísimo.

> **Esta** casa me gusta mucho.

der, die, das hier; diese(r, -s) hier
> **Das** Auto **hier** ist sehr teuer.
> **Dieses** Haus gefällt mir sehr.

TIPP Im Spanischen wird je nach Entfernung zum Sprechenden zwischen *este, esta, esto* und *ese, esa, eso* unterschieden. Bei *este, esta, esto* befindet sich das Gemeinte in unmittelbarer Nähe zum Sprechenden, bei *ese, esa, eso* hingegen etwas weiter entfernt. Alleinstehend können *este, esta(s), estos* auch mit Akzent (*éste, ésta(s), éstos*) geschrieben werden, um Verwechslungen mit *este* (**Osten**), *está* und *esté* (Formen von sein) zu vermeiden.

esto ['esto] *pron n, siehe auch Info unter este*
> ¿Dónde has comprado **esto**?

esto ['esto] *pron, siehe auch Info unter este*
> ¿Dónde has comprado **esto**?

dieses, dieses hier, das substantivisch verwendet
> Wo hast du **das** gekauft?

das hier substantivisch verwendet
> Wo hast du **das** gekauft?

TIPP *Esto* ist ein sächliches Demonstrativpronomen und steht nie bei einem Substantiv, sondern immer allein.

para qué ['para ke] *pron* ▶ ¿**Para qué** quieres eso?	**wofür, wozu** ▶ **Wofür** willst du das?
por qué [pɔr ke] *pron* ▶ ¿**Por qué** no habéis empezado todavía?	**warum** ▶ **Warum** habt ihr noch nicht angefangen?
qué [ke] *pron* ▶ ¿**Qué** toma usted? ▶ ¿**Qué** vino te gusta más?	**was; welche(r, -s)** ▶ **Was** nehmen Sie? ▶ **Welcher** Wein schmeckt dir besser?
qué [ke] *pron* ▶ ¡**Qué** bien habla usted español!	**wie** im Ausrufesatz ▶ **Wie** gut Sie Spanisch sprechen!

TIPP *Qué* bleibt manchmal unübersetzt, wie z. B. in *¡Qué bien!* – **Toll!**

quién [kǐen] *pron, pl quiénes* ▶ ¿**Quién** es ese señor?	**wer** ▶ **Wer** ist dieser Herr?

TIPP Das Interrogativpronomen *quién* hat im Spanischen eine Pluralform. So heißt **Wer sind diese Herren?** auf Spanisch *¿Quiénes son estos señores?*

Artikel und weitere Pronomen

me [me] *pron m/f*
- Todavía no **me** he decidido.

mich
- Ich habe **mich** noch nicht entschieden.

---

nos [nɔs] *pron m/f pl*
- Todavía no **nos** hemos decidido.

uns
- Wir haben **uns** noch nicht entschieden.

---

os [ɔs] *pron m/f pl*
- ¿Por qué no **os** alegráis un poco?

euch
- Warum freut ihr **euch** nicht ein bisschen?

---

se [se] *pron m/f*
- Los niños no **se** acuerdan.

sich
- Die Kinder erinnern **sich** nicht.

---

te [te] *pron m/f*
- ¿Ya **te** has decidido?

dich
- Hast du **dich** schon entschieden?

---

algo ['algo] *pron n*
- ¿Quieres **algo** de beber?

etwas
- Willst du **etwas** zu trinken?

---

alguien ['algǐen] *pron*
- ¿Hay **alguien** en casa?

jemand
- Ist **jemand** zu Hause?

---

nadie ['nadǐe] *pron*
- No hay **nadie** en la habitación.

niemand
- Es ist **niemand** im Zimmer.

otro, -a ['otro, -a] *pron*
- Este me gusta más que el **otro**.

der, die, das andere
substantivisch verwendet
- Dieser gefällt mir besser als **der andere**.

otro, -a ['otro, -a] *pron*
- Creo que el cine está en **otra** calle.

ein(e) andere(r, -s)
- Ich glaube, das Kino ist in **einer anderen** Straße.

TIPP Vor *otro(s)* und *otra(s)* setzt man keinen unbestimmten Artikel (*un, una, unos, unas*). Possessivpronomen (*mi, tu* usw.) und bestimmte Artikel (*el, la, los, las*) jedoch schon:
¿Dónde está mi otro zapato? – Wo ist mein anderer Schuh?

que [ke] *pron m/f*
- El libro **que** buscas está en la mesa.
- La señora **que** vive en el segundo piso es argentina.

den, die, das; der, die, das
- Das Buch, **das** du suchst, liegt auf dem Tisch.
- Die Frau, **die** im zweiten Stock wohnt, ist Argentinierin.

que [ke] *pron m/f pl*
- Los venezolanos **que** hemos conocido son muy simpáticos.

die
- Die Venezolaner, **die** wir kennengelernt haben, sind sehr sympathisch.

el [el] *art*
- **el** perro
- **el** chocolate
- **el** coche

der, die, das
- **der** Hund
- **die** Schokolade
- **das** Auto

los [los] *art*
- **los** jardines

die
- **die** Gärten

la [la] *art*
- **la** ensalada
- **la** Tierra
- **la** oreja

der, die, das
- **der** Salat
- **die** Erde
- **das** Ohr

las [las] *art*
- **las** tortillas

die
- **die** Omeletts

lo [lo] *art*
- **Lo** bueno es que Ana también viene.

das
- **Das** Gute ist, dass Ana auch kommt.

> **TIPP** Der Artikel *lo* wird nicht vor Substantiven, sondern nur vor Adjektiven – und in manchen Fällen vor Adverbien – benutzt, um sie zu substantivieren.

un [un] *art*
- **un** hotel

ein
- **ein** Hotel

una ['una] *art*
- **una** mujer

eine
- **eine** Frau

unos, -as [unos, -as] *art*
- Aquí hay **unas** casas que me gustan mucho.

ein paar oft nicht übersetzt
- Hier stehen **ein paar** Häuser, die mir sehr gefallen.

> **TIPP** In vielen Fällen wird *unos* mit *etwa* wiedergegeben und kann auch unübersetzt bleiben, wie z. B. hier: *Unos ochenta milliones de habitantes.* – **Acht Millionen Einwohner.**

Hilfs- und Modalverben

haber [a'ḇɛr] *v/aux* **haben, sein**
- Juan **ha** comido mucho.
- ¿**Han** llegado ya mis amigos?
- Juan **hat** viel gegessen.
- **Sind** meine Freunde schon gekommen?

> **TIPP** *Haber* wird als Hilfsverb zur Bildung zusammengesetzter Zeiten verwendet. Dazu wird es auch entsprechend konjugiert.

ir a [ir a] *v/aux + inf* **etw. tun werden**
- Te **vamos a** ayudar un poco.
- Wir **werden** dir ein bisschen **helfen**.

> **TIPP** Zum Ausdruck der unmittelbaren Zukunft verwendet man *ir a* + Infinitiv.

poder [po'ðɛr] *v* **können, dürfen**
- No **puedo** levantarme.
- ¿**Puedo** entrar?
- Ich **kann** nicht aufstehen.
- **Darf** ich eintreten?

poder [po'ðɛr] *v/aux* **können**
- Después del accidente, (yo) no **podía** caminar.
- Nach dem Unfall **konnte** ich nicht mehr gehen.

querer [ke'rɛr] *v* **mögen, wollen**
- **Quiero** descansar un poco.
- ¿**Quieres** una cerveza?
- Ich **möchte** ein bisschen ausruhen.
- **Willst** du ein Bier?

tener que [te'nɛr ke] *phrase + inf* **müssen**
- ¡Adiós! **Tengo que** irme.
- Auf Wiedersehen, ich **muss** gehen.

Weitere Strukturwörter

a [a] *prep* — prep zur Akkusativbildung bei Menschen; wird nicht übersetzt
- Yo no conozco **a** Pedro. — Ich kenne Pedro nicht.
- He dado el libro **a** Juan. — Ich habe Juan das Buch gegeben.

> **TIPP** Die Präposition *a* wird oft indirekten Objekten vorgesetzt. Wenn das direkte Objekt ein Mensch ist, wird auch hier ein *a* benutzt; da in diesen Fällen im Deutschen normalerweise keine Präposition steht, wird *a* meistens nicht übersetzt.

con [kɔn] *prep* — **bei, mit**
- **Con** este tiempo no se puede salir. — **Bei** diesem Wetter kann man nicht hinausgehen.
- No puedo ir **con** vosotros. — Ich kann nicht **mit** euch gehen.

de [de] *prep* — **von** prep zur Genitivbildung
- No es el coche **de** Pilar. — Das ist nicht das Auto **von** Pilar.

en [en] *prep* — **an, auf, in, mit**
- Mis amigos están **en** la playa. — Meine Freunde sind **am** Strand.
- Explícalo **en** español. — Erkläre es **auf** Spanisch.
- **En** la mesa hay un libro para ti. — **Auf** dem Tisch liegt ein Buch für dich.
- Juan está **en** Sevilla. — Juan ist **in** Sevilla.
- Vamos **en** coche, ¿no? — Wir fahren **mit** dem Auto, oder?

hasta ['asta] *prep* — **bis**
- El autobús le lleva **hasta** la estación. — Der Bus bringt Sie **bis** zum Bahnhof.

para ['para] *prep* ▸ Este libro es **para** ti. ▸ Necesito el dinero **para** comprar un coche.	**für, um … zu** ▸ Dieses Buch ist **für** dich. ▸ Ich brauche das Geld, **um** ein Auto **zu** kaufen.
por [pɔr] *prep* ▸ He comprado esta maleta **por** cincuenta euros. ▸ Nos vamos a Barcelona **por** una semana. ▸ Es **por** mi hermana.	**für, wegen** ▸ Ich habe diesen Koffer **für** fünfzig Euro gekauft. ▸ Wir fahren **für** eine Woche nach Barcelona. ▸ Es ist **wegen** meiner Schwester.
sin [sin] *prep* ▸ Es una casa **sin** jardín.	**ohne** ▸ Es ist ein Haus **ohne** Garten.
sobre ['sobre] *prep* ▸ Las cartas están **sobre** la mesa. ▸ ¿Por qué siempre hablamos **sobre** mí?	**auf, über** ▸ Die Briefe liegen **auf** dem Tisch. ▸ Warum reden wir immer **über** mich?
o [o] *conj* ▸ ¿Quieres café **o** té?	**oder** ▸ Möchtest du Kaffee **oder** Tee?
pero ['pero] *conj* ▸ Este aceite es caro, **pero** bueno.	**aber** ▸ Dieses Öl ist teuer, **aber** gut.
porque ['pɔrke] *conj* ▸ Me quedo en la oficina **porque** tengo mucho trabajo.	**weil** ▸ Ich bleibe im Büro, **weil** ich viel Arbeit habe.

que [ke] *conj*
⟩ No creo **que** conozcan a tu padre.

dass
⟩ Ich glaube nicht, **dass** sie deinen Vater kennen.

---

sino ['sino] *conj*
⟩ No es mi hermana **sino** mi hija.

sondern
⟩ Das ist nicht meine Schwester, **sondern** meine Tochter.

---

y [i] *conj*
⟩ Pedro **y** Teresa van a Córdoba.

und
⟩ Pedro **und** Teresa fahren nach Córdoba.

---

así [a'si] *adv*
⟩ ¡**Así** es!

so
⟩ **So** ist es!

---

como ['komo] *adv*
⟩ Este chico es **como** su padre.

wie im Vergleich
⟩ Dieser Junge ist **wie** sein Vater.

---

mucho ['mutʃo] *adv*
⟩ Me gusta **mucho**.
⟩ No gano **mucho**.

sehr, viel
⟩ Das gefällt mir **sehr**.
⟩ Ich verdiene nicht **viel**.

---

muy [mŭi] *adv*
⟩ Habláis **muy** bien español.

⟩ El agua está **muy** fría.

sehr
⟩ Ihr sprecht **sehr** gut Spanisch.

⟩ Das Wasser ist **sehr** kalt.

---

no [no] *adv*
⟩ Hoy **no** trabajo.

nicht
⟩ Heute arbeite ich **nicht**.

---

por eso [pɔr 'eso] *adv*
⟩ **Por eso** no te puedo ayudar.

deshalb
⟩ **Deshalb** kann ich dir nicht helfen.

sí [si] *adv* — **doch**
> ¿No me has visto? – **Sí.**
> Hast du mich nicht gesehen? – **Doch.**

también [tam'bǐen] *adv* — **auch**
> Ella **también** lo sabe.
> Sie weiß es **auch**.

tampoco [tam'poko] *adv* — **auch nicht**
> Mi amigo **no** viene **tampoco**.
> Mein Freund kommt **auch nicht**.

tan ... como [tan ... 'komo] *adv* — **so ... wie**
> Mi habitación es **tan** grande **como** la de Elena.
> Mein Zimmer ist **so** groß **wie** Elenas.

Register

Hinter den Stichwörtern steht die Seitenzahl.

A
a 116, 123, 148
abrigo 19
abril 112
abrir 56, 82
abuela 20
abuelo 20
a casa 56
accidente 86
aceite 86, 94
aceituna 94
acordarse 23
Adiós. 47
adónde 141
aeropuerto 89
agosto 113
agua 108
agua mineral 98
ahora 119
aire 108
ajo 94
a la derecha 124
a la izquierda 124
alegrarse 23
alegre 24
alemán 31, 69
alemana 31
Alemania 31
al este de 125
algo 144
alguien 144
al lado de 124
allí 123
al mes 111
al norte de 125
al oeste de 125
alquilar 61
al sur de 125
alto 18
alumna 67
alumno 67
amarillo 64
amiga 20
amigo 20
animal 106
año 111, 119
anoche 121
Año Nuevo 72
antes 119
antes de 119
aparcar 86
apellido 16
aprender 67
¿A qué hora...? 116
aquí 123
araña 106
árbol 107
archivo 49
armario 61
arreglar 52
arroz 94
Ascensión 72
ascensor 61
así 150
a tiempo 122
atún 94
Austria 31
austríaca 32
austríaco 31, 32
autobús 89
autopista 86
avión 89
ayer 119
ayudar 20
Ayuntamiento 91
azúcar 94
azul 65

B
bailar 76
bajar 52, 89
bajo 18
balcón 61
bañarse 76
banco 61, 91
baño 59
bar 76
barato 82
bastar 52
beber 102
biblioteca 91
bicicleta 76
bien 24, 43
Bien, ... 43
billete 89
blanco 65
blusa 19
boca 35
bocadillo 94
bolígrafo 63
bolsa 82
bonito 17

bosque 107
botella 99
brazo 35
Buenas noches. 48
Buenas tardes. 48
bueno 28, 100
¡Buenos días! 47
buscar 52

C

caballeros 92
caballo 106
cabeza 35
cabra 106
cada 129
café 76, 99
cafetería 76
caja 82
caliente 100, 108
calle 86
cama 61
camarera 100
camarero 100
cambiar 52, 83, 89, 92, 109
camisa 19
camiseta 19
camping 79
campo 104
cansado 24
cantar 74
capital 104
carne 95
carné 16
carné de identidad 16
carnicería 83
caro 83
carretera 86
carta 49, 100

casa 59
casado 16
castillo 85
catalán 69
cena 102
cenar 102
centímetro 133
centro 87
cepillo 37
cepillo de dientes 37
cerdo 106
cerrar 56, 83
cerveza 99
champú 37
chaqueta 19
charlar 47
chatear 49
chica 21
chico 21
chocolate 95, 99
cigarrillo 39
cine 74
ciudad 104
coche 87
cocina 59, 63, 100
cocinar 102
coger 56
colegio 67
color 65
comer 103
comida 102
como 150
cómo 141
¿Cómo dice? 43
cómodo 61
compañera 71
compañero 71
completo 79
comprar 83

con 148
concierto 74
conducir 87
conejo 106
conocer 21
consulado 92
contar 43, 129
contestar 43, 49
correo electrónico 49
corto 65, 119
cosa 63
costa 104
costar 83
creer 28
cuadrado 64
cuál 141
cuando 120
cuándo 141
cuánto 141
cuántos 141
cuarto 116
cuchara 103
cuchillo 103
cuenta 100
cumpleaños 72

D

dar 52
darse cuenta 24
dar un paseo 78
datos 49
de 123, 148
decidirse 28
dedo 35
dedo del pie 35
de dónde 141
dejar 53
dejar de 53
de la mañana 116

delante de 123
de la tarde 116
de nada 46
dentista 39
deporte 76
desayunar 103
desayuno 103
descansar 76
desde 120, 124
desde hace 120
desodorante 37
después 120
después de 120
día 121
día del Corpus
 Christi 73
día de Todos los
 Santos 73
día y noche 116
diciembre 113
diente 35
difícil 28
dinero 83
dirección 17
disco compacto 74
doctor 39
doctora 39
doler 39
dolor 39
dolor de cabeza 39
dolor de muelas 40
dolor de vientre 40
domingo 115
dónde 141
dormir 56
dormirse 57
dormitorio 60
ducha 62
ducharse 37
dulce 95

E

el 145
él 134
ella 134
ellas 134
ellos 135
embajada 92
empezar 53
empleada 71
empleado 71
en 121, 148
en casa 56
encender 57
encontrar 53
encontrarse 77
enero 112
enfermedad 40
enfermera 40
enfermo 40
ensalada 95
enseñar 44
entender 47
entenderse 21
entrada 85
entrar 60
equivocarse 28
escribir 67
escuela 67
ese 141
eso 142
espalda 35
España 32
español 32, 69
española 32
esperar 21, 24, 53
estación 89
estación de
 servicio 87
estar 40, 53, 57
este 124, 142

estimado 49
esto 142
estropearse 63
estudiante 68
estudiar 68
euro 83
Europa 32
europea 32
europeo 32
explicar 44
exposición 74
extranjera 30
extranjero 30

F

fábrica 71
fácil 28
falda 19
faltar 100
familia 21
farmacia 40
febrero 112
feo 18
fiebre 40
firma 92
flor 107
forma 64
foto 79
francés 32, 69
francesa 32
Francia 32
fresa 97
frío 109
fruta 97
frutería 83
fumar 41
funcionar 57
fútbol 77

G

gafas 19
gallego 69
gallina 106
gallo 106
gamba 95
ganar 71
gastar 71
gata 107
gato 106
gel de ducha 37
gobierno 93
gracias 46
gramo 133
grande 65
gris 65
guapo 18
gustar 25, 100

H

haber 57, 147
habitación 60
habitación doble 79
habitación
 individual 79
hablar 44
hacer 58
hacer buen
 tiempo 110
hacer calor 109
hacer frío 109
hacer la maleta 80
hacer mal tiempo 110
hacer sol 109
hambre 100
hasta 121, 148
¡Hasta luego! 47
hay que 57
helado 95
hermana 21

hermano 21
hermanos 21
hierba 108
hija 22
hijo 22
hijos 22
hoja 108
¡Hola! 47
hombre 15
hombro 36
hora 116, 121
hospital 41
hotel 79
hoy 117

I

idioma 17
iglesia 85
importante 29
impreso 93
industria 71
información 44
informar 44
Inglaterra 33
inglés 33, 70
inglesa 33
interesante 29
interesar 29
internacional 30
internet 50
invierno 112
invitar 22
ir 85, 87
ir a 147
ir a pie 87
ir a tomar algo 77
ir de vacaciones 81
ir en tren 90
irse 87
isla 79

Italia 33
italiana 33
italiano 33, 70

J

jabón 37
jamón 95
jardín 60
jefa 71
jefe 71
jersey 19
joven 18
jueves 114
jugar 77
jugar a 77
julio 112
junio 112
junto 84
juntos 58

K

kilo 133
kilogramo 133
kilómetro 133

L

la 136, 146
lago 104
largo 65, 121
las 136, 146
Latinoamérica 33
latinoamericana 34
latinoame-
 ricano 33, 34
lavar 58
lavarse 37
le 135
leche 99
leer 75
lento 66

les 135
levantarse 58
libre 77
libro 75
limón 97
limpiar 60
limpio 66
litro 133
llamar 47
llamar por
  teléfono 50
llamarse 44
llave 63
llegada 90
llegar 58, 90
llevar 53
llevarse 75
llover 109
lo 136, 146
los 136, 137, 145
los domingos 115
los jueves 114
los lunes 114
los martes 114
los miércoles 114
los sábados 115
los viernes 114
lunes 113

M

madre 22
mal 25
maleta 80
malo 29
mañana 117, 121
mandar 50
mano 36
manopla para
  baño 38
manta 63
mantequilla 95
manzana 98
mapa 80
mar 104
marido 22
martes 114
marzo 112
más 25
más o menos 129
mayo 112
me 137, 144
media 19
medianoche 117
media pensión 80
medicina 41
médico 41
medio 117, 130
mediodía 117
mejor 26
melocotón 98
menos 117
mensaje de
  texto 50
menú 101
mercado 84
merluza 95
mes 111
mesa 62
meter 54
metro 90, 133
mi 139
mí 137
miedo 26
miércoles 114
minuto 117
mirar 26, 44
molestar 26
momento 121
montaña 105
mosca 107

Muchas gracias. 46
mucho 130, 150
mucho tiempo 121
mujer 15, 22
mundo 105
museo 85
música 75
muy 150

N

nacional 31
nacionalidad 31
nada 130
Nada, ... 46
nadar 77
nadie 144
naranja 98
nariz 36
Navidad 73
necesitar 58
negro 65
nevera 63
niña 22
niño 22
no 44, 130, 150
¿No? 48
noche 118
Nochebuena 73
Nochevieja 73
nombre 17
norte 125
nos 137, 144
nosotros 137
novia 23
noviembre 113
novio 23
nuestro 139
nuevo 66
número 50
nunca 122

O

o 149
obrera 72
obrero 72
octubre 113
ocupado 101
oeste 125
oficina 72
oficina de
  correos 92
oficina de
  turismo 93
oír 26
ojo 36
olvidar 54
ordenador 50
ordenador
  portátil 50
os 137, 144
otoño 111
otro 130, 145

P

padre 23
padres 23
pagar 84
país 105
paisaje 105
pájaro 107
palmera 108
pan 96
panadería 84
pantalla 50
pantalón 20
pañuelo 38
papel 63
papel higiénico 38
para 124, 149
parada 90
para qué 143
parar 87
parecer 18, 29
parque 85
pasar 54
pasar por 88, 90
Pascua 73
paseo 78
pasta de dientes 38
patata 96
pecho 36
pedir 101
peinarse 38
película 51
pelo 36
pelota 78
peluquería 84
pensar 29
pensión
  completa 80
Pentecostés 73
peor 26, 27
pequeño 18
pera 97
perder 54, 90
Perdón. 46
periódico 51
permitir 29
pero 149
perro 107
pescado 96
pescar 78
pez 107
pie 36
piel 36
pierna 36
pimienta 96
piscina 78
piso 62
planta 108
plátano 98
plato 101
playa 80
plaza 85
pobre 66
poco 130, 131
poder 147
policía 93
pollo 96
poner 58
ponerse 17
por 124, 149
por aquí 82
por eso 150
por favor 46
porque 149
por qué 143
Portugal 34
portugués 34, 70
portuguesa 34
postre 101
practicar
  deporte 77
precio 84
pregunta 45
preguntar 45
preparar 54, 58
primavera 111
primero 122
probar 101
probarse 17
profesor 68
profesora 68
prohibir 30
prometer 30
pueblo 105
puente 85
puerta 62
puerto 86

Q

que 145, 150
qué 143
quedar 131
quedarse 54
¡Qué lástima me da …! 46
¿Qué pasa? 44
querer 23, 147
querido 51
queso 96
quién 143
quitar 54
quitarse 17

R

radio 51
rápido 66
ratón 107
recibir 58
recomendar 45
recto 124
redondo 64
región 105
rellenar 93
reparar 55
repetir 45
reservar 80
resfriado 41
restaurante 101
rico 66
río 105
rodilla 36
rojo 65
ropa 20
rosa 108
roto 64
ruido 55

S

sábado 115
saber 27, 55, 68
sal 96
sala de estar 60
salida 86, 90
salir 78, 88, 91
salud 41
saludar 48
sangre 42
sano 42
sardina 96
se 138, 144
seco 99
sed 101
segundo 118
seguro 93
sello 51
semáforo 88
semana 113
Semana Santa 74
sencillo 66
señor 15
señora 15, 16
señorita 15
sentarse 55
sentir 46
sentirse 27
septiembre 113
ser 17, 55, 59
servicio 60
sí 45, 151
siempre 122
silla 62
sin 149
sino 150
sitio 88, 105
situación 45
sobre 149
sol 109

solución 68
sombra 109
sopa 102
su 140
subir 55, 60, 91
sucio 64
suficiente 131
suiza 34
Suiza 34
suizo 34
supermercado 84
sur 125
sus 140

T

taller 72
también 151
tampoco 151
tan … como 151
tanto 131
tanto como 132
tanto … como 131
tarde 118, 122
tarjeta de cuenta 92
tarjeta 64
tarjeta de crédito 93
tarjeta postal 81
taxi 88
taza 103
te 138, 144
té 99
teatro 75
tele 64
teléfono 51
teléfono móvil 51
televisión 51
tenedor 103
tener 27

tener ... años 16
tener calor 24
tener frío 25
tener miedo a 27
tener que 147
tenis 78
ti 138
tiempo 109, 122
tienda 84
típico 18
toalla 38
tocar 55, 59, 75
todavía 122
todavía no 122
todo 132
todos 132
tomar 55, 102
tomar el sol 80
tomate 96
tortilla 97, 102
trabajar 72
trabajo 72
tráfico 88
tranquilo 27
tren 91
trozo 132
tu 140
tú 138

U
un 146
una 146
unos 146
un poco 130
un poco de 131
usted 138
ustedes 138, 139
uva 98

V
vaca 107
vacaciones 81
Vale. 45
vasco 70
vaso 103
vender 84
venir 55
ventana 62
ver 27, 30, 45
verano 111
verde 65
verdura 97
verse 45
vestido 18
vez 132
viajar 81
viaje 81

vida 55
viejo 18
viernes 114
Viernes Santo 74
vinagre 97
vino blanco 99
vino tinto 99
visitar 23, 81
vivir 56, 59
volar 91
volver 56, 59
vosotros 139
vuestro 140

W
wifi 51

Y
y 118, 150
ya 122
ya no 122
y media 118
yo 139

Z
zanahoria 97
zapato 20
zumo 99